똑똑한 초등 독서 노트

똑똑한 초등 독서 노트

지은이 오현선
펴낸이 임상진
펴낸곳 (주)넥서스

초판 1쇄 인쇄 2025년 5월 10일
초판 1쇄 발행 2025년 5월 20일

출판신고 1992년 4월 3일 제311-2002-2호
주소 10880 경기도 파주시 지목로 5
전화 (02)330-5500 팩스 (02)330-5555
ISBN 979-11-94643-39-5 63710

출판사의 허락 없이 내용의 일부를
인용하거나 발췌하는 것을 금합니다.
저자와의 협의에 따라서 인지는 붙이지 않습니다.

가격은 뒤표지에 있습니다.
잘못 만들어진 책은 구입처에서 바꾸어 드립니다.

www.nexusbook.com

공부머리를 키우는 초등 독서 활동

똑똑한 초등 독서 노트

오현선 지음

이 책을 만난 어린이들에게

여러분, 안녕하세요? 선생님은 어린이를 만나 책의 세계로 안내해 주는 일을 하는 독서 선생님이에요. 선생님은 어린이와 오랫동안 책을 읽었어요. 어린이와 책을 읽다 보면 한 권의 책이 한 사람에게 얼마나 큰 기쁨을 주는지 알게 돼요. 책을 읽고 재미있었다며 쉼 없이 이야기를 뿜어내는 어린이를 보면 더 좋은 책을 소개해 주고 싶은 마음도 가득 생기지요.

이 책에는 선생님이 어린이들과 읽고 나누며 좋았던 책을 50권 뽑아 실었어요. 책 소개로 시작해서 책에서 뽑은 좋은 어휘, 책 내용을 다시 떠올려 볼 수 있는 질문과 여러분의 생각을 한껏 넓혀 줄 수 있는 질문까지 말이에요.

이 책에서 소개하는 책은 참으로 다양해요. 재밌는 스토리가 담긴 이야기책부터 우리 주변의 과학 원리를 담은 과학책, 한 사람의 일생을 담은 인물책, 환경 문제가 담긴 환경책까지 말이에요. 그렇다고 어렵게 느낄 필요는 없어요. 모두 쉽고 재밌게 설명해 주는 책이라 어렵지 않게 뚝딱 읽을 수 있을 거예요.

이 책에서 소개하는 50권의 책을 읽고, 부모님과 함께 퀴즈 문제를 차근차근 풀어 보세요. 또 글을 쓰다 보면 좋은 책이 여러분 안에 한가득 담기는 것은 물론이고, 생각하는 힘도 커지며 무엇보다 마음 밭이 넓어져 세상을 바라보는 눈도 한가득 생길 거예요. 이 책을 시작할 여러분을 깊이 응원할게요.

부모님께

세상에는 좋은 책이 참 많습니다. 사람의 마음에 깊이 감동을 주는 책부터 강력한 깨달음을 주는 책, 생각의 변화를 주는 책까지 말이지요. 이런 좋은 책을 우리 아이들과 읽지 않을 이유는 없습니다. 이 책에는 그런 좋은 책 50권을 엄선하여 실었는데요.

초등 저학년은 독서의 기본 요소가 되는 읽기 유창성이 아직 완성되지 않은 나이이기 때문에 아이에게 책을 읽어 주시면 좋습니다. 그러고 나서, 책마다 실린 독서 퀴즈 문제를 같이 풀어 보세요. 책을 읽고 나서 세밀한 내용을 모두 기억하지 못한다고 해서 잘 읽지 않았다고 단정을 지을 순 없으므로, 모르더라도 나무라지 마시고 책을 다시 찾아봐 주세요. 책마다 뽑은 3개의 어휘도 같이 매만져 주시면 어휘 확장에도 도움이 될 거예요. 무엇보다 책을 읽고 마음과 생각의 폭을 넓힐 수 있는 쓰기 질문을 함께 나누어 보시고 기록하게 도와주세요. 한 권의 책이 매우 의미 있게 어린이 안에 자리 잡힐 거예요.

이 과정이 쉽지만은 않다는 것을 알고 있습니다. 그럼에도 어린이의 삶을 염려하고 축복하고 싶은 마음이 있다면 기꺼이 함께하실 수 있을 거라 믿습니다. 애써 주실 부모님께 미리 감사의 마음을 전합니다.

라온쌤 오현선

이 책 활용하기

책 만나기

오늘 만날 책을 소개해요. 책 제목과 지은이, 표지 등을 먼저 살펴보고 요약된 줄거리와 소개 글을 통해 내용을 파악해 보아요.

엉망진창 펭귄 마을
자나 데이비드슨 글 | 던컨 비디 그림 | 어스본 코리아

읽은 날 월 일
재미 별점 ☆☆☆

책 만나기

엉망진창 펭귄 마을이 있어요. 이곳에 사는 펭귄들은 모두 예의가 없어요. 야단법석을 떨고, 식당에서도 소란스럽게 음식을 먹어요. 그러던 어느 날 가장 예의 바른 펭귄 마을을 뽑는 대회가 열렸고, 펭귄들은 상을 받기 위해 달라지기 시작했어요.

학교나 동네에서 생활을 하다 보면 예의 없는 친구를 만날 때가 있어요. 말을 함부로 하는 친구, 행동을 함부로 하는 친구 등 다양하지요. 또 뜻하지 않게 여러분이 친구들에게 실수를 할 수도 있답니다.

사람은 늘 다른 사람들과 함께 살아가요. 서로 예의를 갖춰서 행동하지 않으면 기분이 상할 수도 있고 좋은 관계를 유지할 수도 없어요. 싸움이 일어날 수도 있고요. 때로는 여러분의 싸움이 부모님의 싸움으로 이어질 수도 있답니다. 그래서 우리는 늘 서로를 배려해야 해요. 양보도 해야 하고요. 협동해야 할 일이 있을 때는 함께하는 것도 중요하답니다. 이 책을 읽고 상대를 무례하지 않게 대하는 것이 얼마나 중요한지 느껴보길 바라요. 그리고 여러분이 소중하듯 다른 사람도 소중히 대하는 멋진 사람이 되길 응원해요.

친절한 예절 학교 · 생활 예절 엉망진창 펭귄 마을
Copyright © 2022 Usborne Publishing Limited.

책 속으로

Q1. 리틀 워들링턴 마을에는 어떤 펭귄들이 있었나요?

Q2. 황제펭귄이 오는 이유는 무엇인가요?

Q3. 턱끈펭귄은 예절을 배우기 위해 무엇을 보았나요?

Q4. 마을에 온 황제펭귄은 뭐라고 하며 떠난다고 했나요?

Q5. 황제가 떠난 후 펭귄들은 어떻게 달라졌나요?

10

책 속으로

책을 읽고 내용을 잘 기억하고 있는지 독서 퀴즈를 풀어 확인해 보아요. 정답은 오른쪽 아래에 적혀 있어요.

오늘 만날 어휘

오늘 읽은 책에 등장한 어휘 세 가지를 알아보아요.
어떤 뜻인지, 문장 속에서 어떻게 쓰이는지 알 수 있어요.

그림으로 생각하기

책 내용을 다시 떠올리고 가장 재미있었거나
마음에 깊이 남은 장면을 그림으로 그려 보아요.

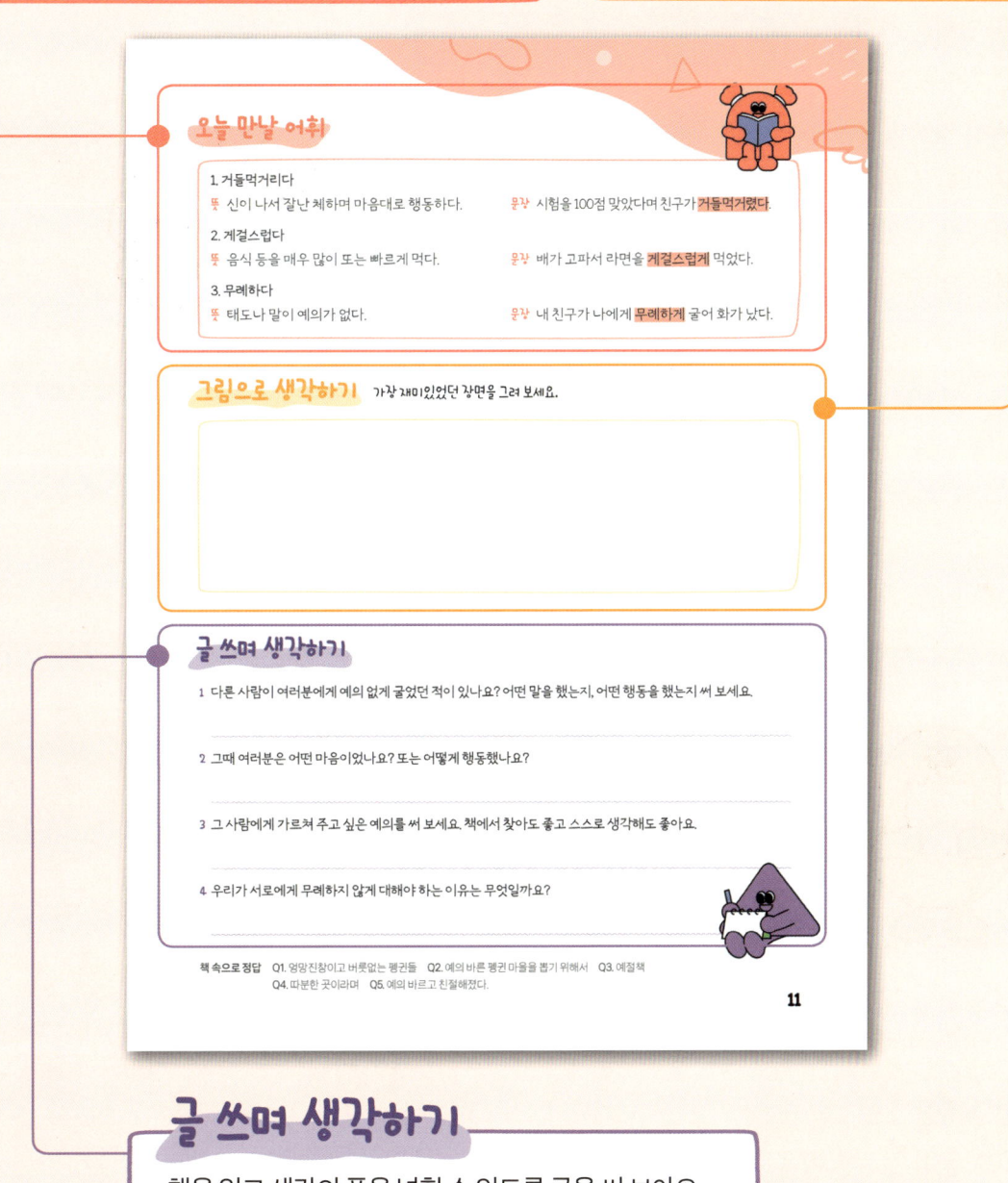

글 쓰며 생각하기

책을 읽고 생각의 폭을 넓힐 수 있도록 글을 써 보아요.
오늘 읽은 좋은 책이 여러분 마음속에 가득 담긴답니다.

살펴보기

- 📌 엉망진창 펭귄 마을 — 10
- 📌 고라니 텃밭 — 12
- 📌 틀려도 괜찮아 — 14
- 📌 밤을 지키는 사람들 — 16
- 📌 여행 가는 날 — 18
- 📌 나에게 키스하지 마세요 — 20
- 📌 퐁퐁이와 툴툴이 — 22
- 📌 미어캣의 스카프 — 24
- 📌 설문대할망 — 26
- 📌 못되게 구는 친구에게 어떻게 말하지? — 28

- ☆ 우리는 어린이 시민 — 30
- ☆ 나는 나의 주인 — 32
- ☆ 라이카는 말했다 — 34
- ☆ 황소고집 이순신 — 36
- ☆ 개구리네 한솥밥 — 38
- ☆ 낱말 공장 나라 — 40
- ☆ 책이 스마트폰보다 좋을 수밖에 없는 12가지 이유 — 42
- ☆ 뒷집 준범이 — 44
- ☆ 바이러스 빌리 — 46
- ☆ 한밤의 정원사 — 48

- ♡ 난 곤충이 좋아 — 50
- ♡ 태극기 다는 날 — 52
- ♡ 뒤집힌 호랑이 — 54
- ♡ 아무도 듣지 않는 바이올린 — 56
- ♡ 선생님하고 결혼할 거야 — 58

♡ 리디아의 정원	60
♡ 목기린 씨, 타세요!	62
♡ 마티유의 까만색 세상	64
♡ 개구리와 두꺼비는 친구	66
♡ 당나귀 실베스터와 요술 조약돌	68

☼ 오방매 씨의 스마트폰	70
☼ 우리 독도에서 온 편지	72
☼ 뱀이다!	74
☼ 두고 보자! 커다란 나무	76
☼ 캡슐 마녀의 수리수리 약국	78
☼ 우당탕탕 야옹이와 금빛 마법사	80
☼ 내 짝꿍 최영대	82
☼ 컵 고양이 후루룩	84
☼ 해든 분식	86
☼ 언제나 칭찬	88

📖 아씨방 일곱 동무	90
📖 쿵푸 아니고 똥푸	92
📖 누구를 보낼까요	94
📖 자석 총각 끌리스	96
📖 ㄱ이 사라졌다!	98
📖 뻥이오 뻥	100
📖 하늘이 딱딱했대?	102
📖 겁보 만보	104
📖 우주 쓰레기	106
📖 한밤중 달빛 식당	108

엉망진창 펭귄 마을

자나 데이비드슨 글
덩컨 비디 그림 | 어스본 코리아

읽은 날
월   일

재미 별점
☆☆☆

책 만나기

엉망진창 펭귄 마을이 있어요. 이곳에 사는 펭귄들은 모두 예의가 없어요. 야단법석을 떨고, 식당에서도 소란스럽게 음식을 먹어요. 그러던 어느 날 가장 예의 바른 펭귄 마을을 뽑는 대회가 열렸고, 펭귄들은 상을 받기 위해 달라지기 시작했어요.

학교나 동네에서 생활을 하다 보면 예의 없는 친구를 만날 때가 있어요. 말을 함부로 하는 친구, 행동을 함부로 하는 친구 등 다양하지요. 또 뜻하지 않게 여러분이 친구들에게 실수를 할 수도 있답니다.

사람은 늘 다른 사람들과 함께 살아가요. 서로 예의를 갖춰서 행동하지 않으면 기분이 상할 수도 있고 좋은 관계를 유지할 수도 없어요. 싸움이 일어날 수도 있고요. 때로는 여러분의 싸움이 부모님의 싸움으로 이어질 수도 있답니다. 그래서 우리는 늘 서로를 배려해야 해요. 양보도 해야 하고요. 협동해야 할 일이 있을 때는 함께하는 것도 중요하답니다. 이 책을 읽고 상대를 무례하지 않게 대하는 것이 얼마나 중요한지 느껴보길 바라요. 그리고 여러분이 소중하듯 다른 사람도 소중히 대하는 멋진 사람이 되길 응원해요.

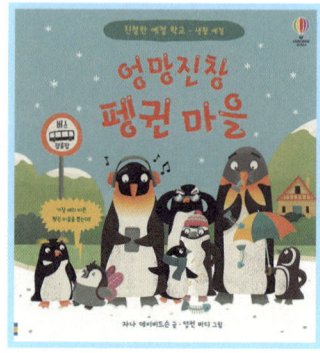

친절한 예절 학교 - 생활 예절 엉망진창 펭귄 마을
Copyright © 2022 Usborne Publishing Limited.

책 속으로

Q1. 리틀 워들링턴 마을에는 어떤 펭귄들이 있었나요?

Q2. 황제펭귄이 오는 이유는 무엇인가요?

Q3. 턱끈펭귄은 예절을 배우기 위해 무엇을 보았나요?

Q4. 마을에 온 황제펭귄은 뭐라고 하며 떠난다고 했나요?

Q5. 황제가 떠난 후 펭귄들은 어떻게 달라졌나요?

오늘 만날 어휘

1. 거들먹거리다
- 뜻 신이 나서 잘난 체하며 마음대로 행동하다.
- 문장 시험을 100점 맞았다며 친구가 거들먹거렸다.

2. 게걸스럽다
- 뜻 음식 등을 매우 많이 또는 빠르게 먹다.
- 문장 배가 고파서 라면을 게걸스럽게 먹었다.

3. 무례하다
- 뜻 태도나 말이 예의가 없다.
- 문장 내 친구가 나에게 무례하게 굴어 화가 났다.

그림으로 생각하기
가장 재미있었던 장면을 그려 보세요.

글 쓰며 생각하기

1 다른 사람이 여러분에게 예의 없게 굴었던 적이 있나요? 어떤 말을 했는지, 어떤 행동을 했는지 써 보세요.

2 그때 여러분은 어떤 마음이었나요? 또는 어떻게 행동했나요?

3 그 사람에게 가르쳐 주고 싶은 예의를 써 보세요. 책에서 찾아도 좋고 스스로 생각해도 좋아요.

4 우리가 서로에게 무례하지 않게 대해야 하는 이유는 무엇일까요?

책 속으로 정답 Q1. 엉망진창이고 버릇없는 펭귄들 Q2. 예의 바른 펭귄 마을을 뽑기 위해서 Q3. 예절책
Q4. 따뜻한 곳이라며 Q5. 예의 바르고 친절해졌다.

고라니 텃밭
김병하 글·그림 | 사계절

읽은 날
월   일

재미 별점

책 만나기

이 책은 작가가 직접 겪은 이야기라고 해요. 작업실을 마련하고 앞에 텃밭을 만들어 채소를 심었는데, 글쎄 고라니가 나타나 다 먹어 버렸지 뭐예요. 처음에는 화가 났지만 가만히 생각해 보니 사실 텃밭은 인간만의 것이 아니라는 생각이 들었다고 합니다.

누구나 자신이 정성껏 가꾼 것, 게다가 가족과 나누고 싶은 것을 누군가에게 빼앗기면 화가 나겠지요. 그런데 만약 그것이 고라니, 게다가 귀여운 새끼가 있는 고라니라면 마구 내쫓기가 쉽지 않을 거고요.

이 책에서 아저씨가 새끼까지 데리고 온 고라니를 보고 밤새 고민한 장면을 유심히 보세요. 어떻게 하면 인간과 동물이 자연을 함께 누릴 수 있을까에 대한 깊은 고민이 느껴진답니다. 그리고 아저씨는 멋지게 지혜를 발휘하는데요. 처음에는 재미있게 읽다가 점점 같이 고민을 하고, 나중에는 아저씨의 결정을 보면서 '와!' 하고 감탄할지도 몰라요. 동물과 함께하길 선택하는 이 아름다운 이야기, 한번 읽어 볼까요?

책 속으로

Q1. 아저씨가 텃밭을 만든 이유는 무엇인가요?

Q2. 가족이 좋아하는 것을 심어 잘 가꾼 텃밭에 어떤 일이 일어났나요?

Q3. 누가 자꾸 채소를 먹자 아저씨는 '이것'도 세워 두었어요.
농작물에 피해를 주는 것을 쫓아내기 위해 세우는 '이것'은 무엇인가요?

Q4. 밤마다 와서 채소를 먹은 것은 누구였나요?

Q5. 고라니가 새끼까지 데리고 나타나자 아저씨는 결국 어떻게 했나요?

오늘 만날 어휘

1. 텃밭
   - 뜻 집에 같이 있거나 가까이 있는 밭
   - 문장 우리 집 텃밭에는 상추가 자란다.

2. 모종
   - 뜻 옮겨 심으려고 가꾼, 벼 이외의 여러 어린 식물
   - 문장 모종 옮겨심기하는 시골 풍경이 정겹다.

3. 채비
   - 뜻 어떤 일을 위해 필요한 물건이나 자세를 미리 갖춤
   - 문장 여행 갈 채비를 다 마쳤다.

그림으로 생각하기

만약 여러분이 아저씨라면 고라니도 먹을 수 있는 텃밭을 어떻게 꾸몄을지 그려 보세요.

글 쓰며 생각하기

1 아저씨가 심은 채소 중 여러분이 좋아하는 채소는 무엇인가요?

2 아저씨는 왜 고라니 텃밭도 내주었을까요?

3 만약 여러분이라면 어떻게 했을지 써 보세요.

책 속으로 정답 Q1. 채소 기르는 것이 좋아서 Q2. 누가 다 먹어 치웠다. Q3. 허수아비 Q4. 고라니
Q5. 고라니 텃밭을 따로 만들었다.

틀려도 괜찮아
마키타 신지 글
하세가와 토모코 그림 | 토토북

읽은 날
월 일

재미 별점
☆☆☆

책 만나기

선생님은 초등학교에 다닐 때 발표를 잘하지 않았어요. 틀릴까 봐 무섭고 두려웠거든요. 아마도 선생님과 같은 친구들이 또 있겠죠? 반대로 발표를 잘하는 친구들도 있을 거고요.

이 책은 틀려도 괜찮으니까 우리 모두 자신 있게 말하자고 이야기해요. 누구나 틀리면서 성장한다는 것이죠. 선생님은 여러분도 이 책을 읽고 틀려도 괜찮다는 자신감을 갖길 바라요.

아! 그런데 또 한 가지 기억할 것이 있어요. 만약 친구가 답을 말하지 못한다고 놀리거나 흉보아서는 안 돼요. 손을 들고도 수줍어서 말을 잘 못한다면 친구를 도와주기로 해요. 그럼, 친구도 용기가 번쩍 생길 거예요.

틀려도 괜찮은 교실, 서로 도우며 성장하는 교실, 누구나 틀릴 수 있다는 것을 인정하는 교실 속에서 멋진 여러분으로 성장하길 바랍니다.

책 속으로

Q1. 틀리는 것을 (　　　　　) 하지 마.

Q2. 친구가 틀릴 때 (　　　　) 마.

Q3. 함께 답을 찾아가면 다 같이 어떻게 된다고 했나요?

Q4. 늘 맞는 것을 말해야 한다고 생각하면 틀리는 것에 대해 어떻게 생각하게 되나요?

Q5. 자꾸 말하고 틀리다 보면 가끔은 어떻게 된다고 했나요?

오늘 만날 어휘

1. 두렵다
뜻 어떤 것을 무서워하다.
문장 나는 혼자 심부름 가는 것이 두렵다.

2. 움츠러들다
뜻 몸이 몹시 오그라져 들어가거나 작아지다.
문장 무서운 할아버지 앞에서 움츠러들었다.

3. 딴청
뜻 어떤 일을 하는 데 그 일과 상관없는 일을 하는 것
문장 민수는 수업 중 딴청을 피운다.

그림으로 생각하기

자신 있게 발표했던 모습, 또는 상상하는 나의 모습을 그려 보세요.

글 쓰며 생각하기

1 틀려도 괜찮은 이유는 무엇일까요?

2 여러분은 발표를 잘하나요? 이유는 무엇인가요?

3 친구가 틀릴 때 어떻게 반응하는 것이 좋을까요?

4 틀릴까 봐 발표를 두려워하는 친구에게 하고 싶은 말을 써 보세요.

책 속으로 정답 Q1. 두려워 Q2. 웃지 Q3. 자란다. Q4. 무섭고 두려워진다. Q5. 정답을 말할 수도 있다.

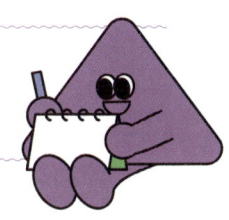

밤을 지키는 사람들
신순재 글
한지선 그림 | 창비

읽은 날
월 일

재미 별점
☆☆☆

📘 책 만나기

대부분의 사람들이 자는 깜깜한 밤에도 일을 하는 사람이 있어요. 구급대원, 도로 보수원, 택시 운전사, 우유 배달원 등이지요. 직업마다 일을 하는 시간이나 계절이 다 다른데요. 밤에 일을 하는 사람은 낮에 하기 어려운 일을 해요. 또는 사람들이 자는 동안에 마쳐야 하는 일이라서 밤에 하죠.

책에 나온 분들이 하는 일을 보면 하나하나 소중하고 귀하지 않은 것이 없어요. 구급대원이 있어 아픈 사람을 치료할 수 있고요. 환경 미화원이 있어 도로가 깨끗해요. 사회가 움직이는 데 도움이 되는 직업. 그러니, 우리 모두 직업을 귀하게 여기고 존중해야 해요.

여러분이 만나 본 직업인은 누가 있나요? 여러분은 커서 어떤 직업을 가지며 일하고 싶은가요? 책에서 만난 분들이 하는 일을 떠올리며 여러분의 미래도 상상해 보면 좋겠어요.

📗 책 속으로

Q1. 동네를 구석구석 순찰하는 분은 누구인가요?

Q2. 수산 시장에서 온 트럭이 싣고 온 것은 무엇인가요?

Q3. 도로를 고치는 아저씨들이 밤에 일하는 이유는 무엇인가요?

Q4. 환경 미화원 아저씨는 몸이 힘든 것보다 어느 때 서운하다고 했나요?

Q5. 영두는 밤에 만난 사람들이 평소엔 잘 보이지 않는다며 무엇 같다고 했나요?

오늘 만날 어휘

1. 담벼락
   - 뜻: 담이나 벽 따위를 이르는 말
   - 문장: 학교 담벼락에는 그림이 그려져 있다.

2. 신속하다
   - 뜻: 매우 빠르고 날쌔다.
   - 문장: 배달 음식을 시키면 매우 신속하게 온다.

3. 보수하다
   - 뜻: 건물 등의 낡거나 부서진 것을 손보아 고치다.
   - 문장: 우리 학교는 보수 중이라 방학이 길다.

그림으로 생각하기

책에 나온 사람 중 가장 인상 깊었던 사람을 그려 보세요.

글 쓰며 생각하기

1 책에 나온 직업인 중 여러분이 직접 본 사람은 누구인지, 무엇을 하고 있었는지 써 보세요.

2 이 책에는 다양한 직업을 가진 사람이 나와요. 여러분이 알고 있는 또 다른 직업은 무엇이 있나요?

3 여러분은 커서 어떤 일이 하고 싶나요? 이유는 무엇인가요?

4 밤을 지키는 분들에게 고마운 마음을 담아 하고 싶은 말을 써 보세요.

책 속으로 정답 Q1. 경찰 아저씨   Q2. 갓 잡은 물고기   Q3. 그래야 아침에 사람들이 출근해서
Q4. 환경 미화원 일을 몰라주는 사람을 만났을 때   Q5. 투명 인간

여행 가는 날
서영 글·그림 | 위즈덤하우스

읽은 날
월   일

재미 별점

책 만나기

할아버지가 여행을 떠나요. 먼 길을 가야 해서 준비를 단단히 하죠. 면도도 하고 좋은 옷을 꺼내 입어요. 아끼던 모자도 쓰지요. 게다가 가는 길에 출출하면 안 되니까 계란도 삶았어요. 바둑 책도 챙겼답니다.

할아버지가 가는 곳은 과연 어디일까요? 할아버지가 가는 곳은 아주 먼 나라랍니다. 우리가 이 땅에서 많은 것을 경험한 후 가게 되는 또 다른 나라 말이에요. 그곳에 가면 그리운 사람을 만날 수 있어요. 우리보다 먼저 여행을 떠난 사람이지요.

우리는 모두 다 그곳을 간답니다. 가는 시기는 다르지만 결국 도착하게 되는 그곳. 그렇다면 너무 슬퍼하고 아파하기보다 먼저 간 그리운 사람을 만나러 간다고 생각하면 어떨까요? 고운 옷을 입고, 갈 채비를 단단히 해서 말이에요. 할아버지처럼요.

책 속으로

Q1. 할아버지를 데리러 손님이 오자 가장 먼저 무엇을 했나요?

Q2. 여행지에 도착하면 누가 마중 나온다고 했나요?

Q3. 흰머리 가득한 모습을 아내가 알아보지 못할까 봐 할아버지가 챙긴 것은 무엇인가요?

Q4. 할아버지가 여행을 떠나며 남겨진 사람들에게 미안하다고 한 이유는 무엇인가요?

Q5. 할아버지가 남긴 쪽지에는 누구를 만나러 간다고 되어 있었나요?

오늘 만날 어휘

1. 시각
- 뜻 시간의 어느 한 시점
- 문장 정확한 시각에 학교에 가야 한다.

2. 귀띔
- 뜻 상대가 알아차리도록 은근히 먼저 알려 주는 것
- 문장 내 생일에 여행 간다고 엄마가 귀띔해 주었다.

3. 의욕
- 뜻 무언가 무척 하고 싶은 마음
- 문장 나는 왜 공부에 의욕이 없을까?

그림으로 생각하기

먼저 떠난 할머니를 만난 할아버지의 모습을 그려 보세요.

글 쓰며 생각하기

1 '죽음'하면 어떤 것이 떠오르나요?

2 여행을 떠나기 전 할아버지가 준비한 준비물 중 가장 인상 깊은 것은 무엇인지 이유와 함께 써 보세요.

3 그리운 사람을 만나러 가는 할아버지에게 하고 싶은 말을 써 보세요.

책 속으로 정답 Q1. 동전을 꺼냈다. Q2. 할머니 Q3. 예전 사진 Q4. 슬퍼할까 봐 Q5. 그리운 사람

나에게 키스하지 마세요

툴리오 호다 글·그림 | 글로연

읽은 날
월   일

재미 별점
☆☆☆

책 만나기

백 년에 한 번씩 열리는 축제, 왕자들은 공주가 될 개구리를 찾아옵니다. 대부분의 개구리는 왕자와 키스를 하고 공주가 되고 싶어 해요. 그럼 하고 싶은 대로 다 하고 살 수 있다고 생각하면서요. 하지만 엘레나는 지금 모습이 더 좋다고 해요. 그래서 줏대 있게 공주가 되지 않고 혼자 남아 있지요. 이제 엘레나의 삶은 어떻게 될까요?

살다 보면 우리를 유혹하는 것들과 만나게 돼요. 특히 완전한, 행복한 인생을 보장해 주는 것 같은 것들 말이에요. 하지만 정말 중요한 것은 자신의 뜻대로, 자신이 원하는 대로 삶을 사는 거랍니다. 누군가 여러분을 행복하게 해 주기를 기대하기보다 스스로 행복을 만들어 가는 거죠. 그렇게 행복을 만들어 가다 보면 그림책 속에 나오는 엘레나처럼 지혜와 용기가 생길 거예요. 우리 함께 이 책을 읽어 볼까요?

책 속으로

Q1. 연못의 개구리들이 '이것'을 준비하고 있어요. 백 년에 한 번 열리는 '이것'은 무엇인가요?

Q2. 축제가 시작되면 가깝거나 혹은 먼 왕국의 (   )들이 찾아와요.

Q3. 왕자가 키스를 하면 개구리는 (   )가 돼요.

Q4. 엘레나는 성에 들어가 사는 것이 싫었어요. 공기, 달빛, 그리고 '이것'을 먹는 것을 좋아했죠. '이것'은 무엇인가요?

Q5. 성으로 돌아가고 싶지 않은 왕자에게 엘레나가 키스를 하자 왕자는 어떻게 되었나요?

오늘 만날 어휘

1. 축제
뜻 무언가를 축하하며 벌이는 큰 행사
문장 가을에는 꽃축제가 많다.

2. 환호
뜻 기뻐서 큰 소리로 부르짖는 것
문장 아빠가 떡볶이를 사 준다고 해서 환호했다.

3. 저마다
뜻 각각의 사물, 사람마다
문장 사람은 저마다 생각이 다르다.

그림으로 생각하기
마음에 가장 많이 남은 장면을 그려 보세요.

글 쓰며 생각하기

1 축제 날, 개구리들이 공주가 되고 싶어 했던 이유는 무엇인가요?

2 만약 여러분이 개구리라면 공주가 되는 것, 개구리로 사는 것 중 무엇을 택하고 싶나요? 이유는 무엇인가요?

3 다른 사람과는 다른 '나만의 정말 원하는 것'이 있다면 어떻게 하는 것이 좋을까요?

책 속으로 정답 Q1. 축제 Q2. 왕자 Q3. 공주 Q4. 벌레 Q5. 개구리가 되었다.

퐁퐁이와 툴툴이

조성자 글
사석원 그림 | 시공주니어

읽은 날
월   일

재미 별점
☆☆☆

책 만나기

연못가에 두 개의 옹달샘이 있어요. 옹달샘은 물이 계속 퐁퐁 솟아나는 샘물인데요. 한 옹달샘은 숲속 친구들과 잘 지내고, 또 다른 옹달샘은 혼자 있기를 더 원해서 친구들과 가까이 지내지 않아요. 그러다가 가을이 되어 옹달샘에 나뭇잎이 떨어졌어요. 숲속 친구들과 잘 지낸 옹달샘은 숲속 친구들이 물을 먹느라 나뭇잎을 빼내어 주어 계속 퐁퐁 물이 솟는 옹달샘으로 살고 있고요. 또 다른 옹달샘은 그 반대가 되었어요.

이 그림책은 다른 사람과 함께 나누는 것에 대해 이야기하고 있어요. 혼자 모든 것을 다 가지려고 하지 말고 함께 나누며 살자는 이야기지요. 여러분은 이 이야기에 대해 어떻게 생각하나요? 두 옹달샘의 행동과 선택, 그리고 그 결과로 얻게 된 것에 대해 생각하며 그림책을 읽어 보세요.

책 속으로

Q1. 숲속 옹달샘 퐁퐁이와 툴툴이 안에는 종달새 소리, 파란 하늘, (   )의 생각에 담긴 얼굴이 들어 있어요.

Q2. 툴툴이는 동물들이 찾아올 때마다 어떻게 했나요?

Q3. 퐁퐁이는 동물들이 찾아올 때마다 어떻게 했나요?

Q4. 퐁퐁이가 물을 계속 주어도 마르지 않는 이유는 무엇인가요?

Q5. 가을이 되어 나뭇잎이 떨어지자 툴툴이는 어떻게 되었나요?

오늘 만날 어휘

1. 옹달샘
- 뜻: 작고 오목한 샘
- 문장: 깊은 산에 가면 옹달샘이 있을까?

2. 풍경
- 뜻: 산이나 들, 강, 바다 따위의 자연이나 지역의 모습
- 문장: 저녁 풍경이 참 아름답다.

3. 볼메다
- 뜻: 말소리나 표정에 화가 난 것이 드러나다.
- 문장: 엄마한테 혼나면 볼멘소리가 나온다.

그림으로 생각하기

마음에 가장 많이 남은 장면을 그려 보세요.

글 쓰며 생각하기

1 두 옹달샘 중 여러분은 누구처럼 행동하고 싶나요?

2 나에게 있는 것을 남에게 나눠 주는 것에 대해 어떻게 생각하나요?

3 툴툴이에게 하고 싶은 말을 써 보세요.

책 속으로 정답   Q1. 조각달   Q2. 물을 주지 않았다.   Q3. 물을 주었다.   Q4. 물이 계속 샘솟아서
Q5. 사라지고 말았다.

미어캣의 스카프
임경섭 글·그림 | 고래이야기

책 만나기

이 세상에는 정말 많은 물건이 있어요. 그런데도 매일매일 새로운 물건이 만들어져요. 그 새로운 물건은 광고나 SNS를 통해 사람들에게 보여지고 사람들은 그 물건을 사고 싶어 하지요. 지금 가지고 있는 물건이 망가지거나 이상하지 않은데도 사람들은 또 물건을 사곤 해요.

미어캣이 사는 사막에도 이런 일이 벌어졌어요. 어느 한 미어캣이 다른 곳에 다녀오고부터 벌어진 일이지요. 스카프를 매기 시작한 미어캣들은 그것을 갖기 위해 사냥하느라 정신을 차리지 못하고, 급기야는 더 이상 먹을 것이 없어진 그곳을 떠나기까지 해요. 그곳은 과연 어떻게 되었을까요?

미어캣의 이야기가 곧 사람의 이야기임을 기억하며 책을 읽어 보세요. 이 책의 앞면지와 뒷면지에 세계 지도가 나오는데요. 어떻게 달라지는지, 그것은 무엇을 의미할지도 함께 생각해 보세요.

책 속으로

Q1. 아프리카 사막의 미어캣들이 사는 곳은 어떤 곳인가요?

Q2. 아프리카 사막의 미어캣들은 아침에 일어나 먹이를 잡아먹고 오후에는 무엇을 하나요?

Q3. 어느 날 스카프를 매고 온 미어캣은 (   )를 가져오면 스카프를 준다고 했어요.

Q4. 계속 새로운 스카프를 매느라 먹이가 사라지자 굶주린 미어캣들은 어떻게 했나요?

Q5. 남은 미어캣들은 스카프실을 풀어 무엇을 했나요?

오늘 만날 어휘

1. 저물다
뜻 해가 져서 어두워지다.
문장 해가 저물면 집으로 가야 한다.

2. 앞다투다
뜻 남보다 먼저 하거나 잘하려고 애쓰다.
문장 친구들이 앞다투어 줄을 서려고 했다.

3. 실타래
뜻 실을 쉽게 풀어 쓸 수 있도록 한데 뭉치거나 감아 놓은 것
문장 우리 엄마는 실타래를 풀어서 뜨개질을 한다.

그림으로 생각하기
가장 재미있었던 장면을 그려 보세요.

글 쓰며 생각하기

1 꼭 필요하지는 않지만 갖고 싶은 물건이 있나요? 있다면 무엇인가요?

2 갖고 싶은 물건을 모두 다 사면 어떤 문제가 생길까요? 미어캣들에게 벌어진 일을 떠올려 생각해 보세요.

3 다른 사람이 사는 것을 사지 않고 유행을 따르지 않고도 행복하게 사는 법은 무엇일까요?

책 속으로 정답   Q1. 먹이가 많고 평화롭다.   Q2. 볕을 쬐며 이야기한다.   Q3. 먹이   Q4. 사막을 떠났다.
Q5. 실타래를 감았다.

설문대할망

송재찬 글
유동관 그림 | 봄봄출판사

읽은 날
월   일

재미 별점
☆☆☆

책 만나기

제주에 할머니가 살았어요. 몸집이 엄청 큰 할머니였지요. 한라산에 앉아 있으면 마치 우리나라를 품은 듯한 모습이 될 정도로 컸어요. 할머니는 한라산이 너무 뾰족하다며 위에 돌을 옮겨 평평하게 만들기도 하고 빨래를 짜서 사람들에게 비를 뿌리기도 해요.

이런 할머니가 육지에 가고 싶다며 멋진 명주옷을 만들어 달라고 했는데요. 사람들은 노력했지만 아쉽게도 제대로 되지 못했어요. 그 이유는 무엇일까요? 할머니는 그래서 어떻게 했을까요?

이 이야기는 설화예요. 설화는 각 민족 사이에 전해 오는 신화, 전설, 민담 같은 이야기예요. 《설문대할망》은 제주 한라산에 관련된 설화죠. 설문대할망은 바닷속의 흙을 삽으로 떠서 제주도를 만든 몸집이 매우 큰 할머니라고 해요. 이 설화를 읽다 보면 제주도에 대해 알 수 있어요. 제주도가 궁금하다면 이 책을 펼쳐 보세요. 재미있는 이야기를 만날 수 있을 거예요.

책 속으로

Q1. 제주에 사는 설문대할망의 몸집은 어떠했나요?

Q2. 할머니가 던진 바위는 무엇이 되었나요?

Q3. 할머니가 오줌을 누고 빨래를 짜자 사람들이 어떻게 되었나요?

Q4. 할머니가 사람들에게 육지로 가는 다리를 놓아 주는 대신 무엇을 해 달라고 했나요?

Q5. 할머니가 다리를 놓아 주지 않은 이유는 무엇인가요?

오늘 만날 어휘

1. 물장구
뜻 발등으로 물 위를 잇따라 치는 일
문장 계곡에서 물장구치고 놀면 재미있다.

2. 옴팍하다
뜻 가운데가 오목하게 쏙 들어간 데가 있다.
문장 물은 옴팍한 그릇에 담아야 한다.

3. 내달리다
뜻 힘차게 달리다.
문장 학교에 늦어 최대한 내달렸다.

그림으로 생각하기

설문대할망의 모습을 그려 보세요.

글 쓰며 생각하기

1 제주도에 대해 알고 있던 것을 써 보세요.

2 명주옷이 작다며 제주에서 육지로 가는 다리를 놓아 주지 않은 할망에게 하고 싶은 말을 써 보세요.

3 이 책에서 어떤 장면이 가장 인상 깊었는지 이유와 함께 써 보세요.

책 속으로 정답   Q1. 매우 크다.   Q2. 섬이나 산   Q3. 물에 잠기거나 다 맞았다.   Q4. 명주옷을 한 벌 지어 달라
Q5. 명주옷이 제대로 완성되지 않아서

못되게 구는 친구에게 어떻게 말하지?
김정 글
이주혜 그림 | 파스텔하우스

읽은 날
　월　　일

재미 별점

책 만나기

학교, 아니 어린이집을 다녔을 때에도 어쩌면 친구 사이에서 갈등을 겪었을지 몰라요. 여러분의 몸을 함부로 만지는 친구, 때리는 친구, 또는 나쁜 단어를 써서 속상하게 하는 친구 등 여러 친구가 있었을 거예요. 그리고 어쩌면 여러분도 그랬을 수 있고요. 사람은 누구나 생각이나 마음이 다르기 때문에 같이 지내다 보면 이렇게 서로가 서로에게 상처 주거나 미워하는 일이 생기게 돼요.

그런데 우리는 학교에서, 학원이나 또 다른 곳에서 늘 친구를 만나야 하고 함께 무언가를 해야 하죠. 이러한 우리에게 필요한 건 친구를 잘 대하는 법, 그리고 친구가 나를 함부로 대했을 때 대응하는 법이에요.

이 책은 이렇게 친구 관계에서 생기는 불편한 상황에서 어떻게 친구를 대하고 말해야 하는지 배울 수 있는 책이랍니다. 여러분이 가장 소중하다는 것, 그만큼 친구도 소중하다는 것을 잊지 말고 책에서 가르쳐 주는 대로 잘 배워서 친구와 사이좋게 지내보기로 해요. 친구뿐 아니라 가족과의 관계에서도 도움이 되는 내용이니 가족과 함께 읽어 보며 직접 말하고 연습해 보아도 좋겠어요.

책 속으로

Q1. 이 세상에서 가장 소중한 사람은 누구인가요?

Q2. 친구가 내 물건을 확 가져갈 때 뭐라고 할까요?

Q3. 친구 몸을 함부로 만지면 안 되는 이유는 무엇인가요?

Q4. 누군가 내 몸을 만지거나 보려고 하면 어떻게 말해야 할까요?

Q5. 같이 놀며 규칙을 지키지 않는 친구에게 뭐라고 할까요?

오늘 만날 어휘

1. 울타리
뜻 풀이나 나무 등으로 빙 둘러 막아 둔 것
문장 예전에는 울타리 안에서 돼지를 키웠다.

2. 규칙
뜻 여러 사람이 다 같이 지키기로 한 법칙
문장 우리 집은 7시에 일어나야 하는 규칙이 있다.

3. 예민하다
뜻 어떤 감각 같은 것이 날카롭거나 남들보다 많이 느낀다.
문장 나는 피부가 예민해서 가끔 옷이 불편해.

그림으로 생각하기

마음에 가장 많이 남은 장면을 그려 보세요.

글 쓰며 생각하기

1 친구로 인해 기분이 안 좋았던 경험을 써 보세요.

2 친구가 나에게 나쁜 말을 할 때 어떻게 말하면 좋을까요?

3 나는 친구를 어떻게 대해야 서로 잘 지낼까요?

책 속으로 정답 Q1. 나   Q2. 먼저 물어봐 줘.   Q3. 친구 몸은 친구가 주인이어서   Q4. 안 돼! 보지 마!
Q5. 차례를 지켜 줘. 규칙을 지키자.

우리는 어린이 시민

채인선 글
황보순희 그림 | 주니어김영사

읽은 날
월 일

재미 별점
☆☆☆

책 만나기

요즘 주변 환경을 둘러본 적이 있나요? 대통령과 의원들은 어떤 일을 하고 있는지 관심을 가져 보았나요? 아니면 여러분의 부모님이 뉴스를 보실 때 함께 본 적이 혹시 있나요? 여러분도 이 사회의 구성원이기 때문에 의견을 내도 좋다고 생각해 본 적은요?

혹시 이런 생각을 해 보거나 행동하지 못했다면 이 책을 한번 펼쳐 보세요. 어린이 시민이 무엇인지, 시민으로 어떤 일을 해야 하는지 알 수 있어요. 그리고 이 사회를 만드는 일에 왜 어린이도 시민으로 참여해도 되는지도 알 수 있어요. 어른 시민의 역할 또한 생각해 볼 수 있죠.

여러분이 어린이일 때부터 시민으로 참여하고 사회에 관심을 가지면 이 사회는 분명 살기 좋은 곳이 될 거예요. 이 책을 읽는 어린이를 비롯해 모든 어린이를 응원합니다!

책 속으로

Q1. 사회가 잘못된 길로 가는 건 누구의 책임인가요?

Q2. 시민이 주인인 나라를 뭐라고 하나요?

Q3. 대통령이나 의원을 뽑은 후 시민은 어떻게 해야 하나요?

Q4. 어린이 시민도 투표를 해요. 어떤 투표인가요?

Q5. 우리가 살아갈 환경을 바꾸는 일을 무엇이라고 하나요?

오늘 만날 어휘

1. 시민
뜻 나라의 한 사람으로서 그 나라 법에 의한 권리와 의무를 모두 갖는 사람
문장 어린이도 나라의 시민이다.

2. 햇수
뜻 해(年)의 수
문장 나는 초등학생이 된 지 햇수로 2년째다.

3. 허투루
뜻 아무렇게나 되는대로
문장 숙제를 허투루 하면 안 된다.

그림으로 생각하기
책에 나온 어린이 시민의 모습 중 인상 깊은 것을 그려 보세요.

글 쓰며 생각하기

1 어린이 시민으로 할 수 있는 일을 떠올려 써 보세요.

2 어린이도 시민으로 움직여야 하는 이유는 무엇일까요?

3 우리 동네, 우리 학교 등의 환경이 더 좋아지기 위해 건의하고 싶은 것이 있다면 써 보세요.

책 속으로 정답   Q1. 어른 시민   Q2. 민주주의   Q3. 잘하는지 살펴야 한다.   Q4. 반 회장, 전교 회장 뽑을 때
Q5. 정치

나는 나의 주인
채인선 글
안은진 그림 | 토토북

읽은 날
　월　일

재미 별점
☆☆☆

책 만나기

우리는 모두 엄마 뱃속에서 태어납니다. 엄마와 아빠의 사랑의 결실이지요. 태어나면 부모님이 여러분을 잘 키워 주시죠. 하지만 여러분은 스스로 또 자라야 할 임무도 있어요. 나 자신을 키워 가는 것이죠. 이 책은 나를 가꾸고 키우는 법에 대해 이야기를 해 주고 있어요. 내가 나의 주인이니 내가 어떻게 생겼는지도 알아야 하고요. 잘 씻고 가꾸며 내 몸을 돌보아 주어야 한다는 것, 내 몸을 위험으로부터 지켜야 한다는 것, 내 몸의 신호를 듣고 따라 주어야 한다는 것, 내 마음이 하는 말을 알아듣고 그에 맞게 행동해야 한다는 것, 화가 나거나 슬픔 등 내 감정을 잘 알고 다스려야 한다는 것, 내가 잘하는 것과 못하는 것을 알고 잘 배워 나가야 한다는 것, 그렇게 주인으로서 나 자신을 잘 키워 가며 어떤 사람이 되고 싶은지도 생각하라고 합니다.

여러분은 여러분 자신의 주인이 누구라고 생각했나요? 혹시 나 자신에게 해가 되는 행동을 하지는 않았나요? 아침에 늦잠 자기, 씻지 않기, 위험한 놀이 하기, 화가 나면 마음대로 행동하기 등 나 자신을 함부로 대한 적이 있지는 않았는지 생각해 보세요. 하루하루 나를 잘 돌보고 가꿀 때 여러분은 비로소 하고 싶은 일을 하는 사람, 자신이 되고 싶은 사람이 될 수 있을 거예요. 그리고 비로소 진정한 '자신의 주인'이 될 거고요. 매일 건강하게 자라날 어린이를 응원해요.

책 속으로

Q1. 나는 왜 내가 누구인지, 어떻게 생겼는지 알 수 있나요?

Q2. 내 몸을 지키기 위해서 어떻게 해야 한다고 했는지 한 가지만 써 보세요.

Q3. 콧물이 나오는 건 어떻게 하라는 신호인가요?

Q4. 내 기분이 나아지게 할 책임은 누구에게 있나요?

Q5. 주인은 숲에 있는 나무들처럼 자신을 (　　　　　　) 사람이에요.

오늘 만날 어휘

1. 건널목
- 뜻 길을 건너는 곳
- 문장 기차가 지나가자 사람들이 건널목을 건넜다.

2. 내리막길
- 뜻 아래로 내려가는 길
- 문장 나는 내리막길을 달려 내려갔다.

3. 재활용품
- 뜻 다시 쓸 수 있도록 모은 물건
- 문장 플라스틱 병을 재활용품에 넣었다.

그림으로 생각하기
마음에 가장 많이 남은 장면을 그려 보세요.

글 쓰며 생각하기

1 여러분이 내 몸을 지키기 위해 조심하는 것은 무엇인가요?

2 여러분은 화가 났을 때 내 기분을 어떻게 다스리나요?

3 여러분은 언제 기분이 좋다고 느껴지나요? 이유는 무엇인가요?

4 나 자신을 잘 가꾸고 키우기 위한 나 스스로의 다짐을 써 보세요.

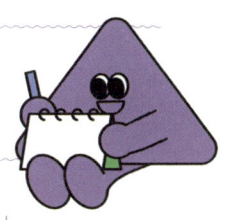

책 속으로 정답 Q1. 나는 나의 주인이라서 Q2. 건널목에서 차 조심을 한다. Q3. 몸을 따뜻하게 하라는 신호 Q4. 나 자신 Q5. 키우는

라이카는 말했다
이민희 글·그림 | 느림보

읽은 날
월   일

재미 별점

책 만나기

최초로 우주에 간 건 사람일까요, 동물일까요? 바로 이 책의 주인공인 라이카, 강아지랍니다. 1957년 당시는 미국과 소련이 서로 우주 개발을 위해 경쟁하며 애를 쓰던 시기였어요. 소련은 우주선을 개발했지만, 사람을 태워 보내긴 이르다고 생각해 강아지 라이카를 태워 보냈어요. 라이카는 발사된 지 얼마 안 되어 우주선이 폭발해서 고통스럽게 세상을 떠났다고 해요. 사실 돌아올 수 없는 우주선이라서 이미 라이카의 앞날은 정해진 거였죠.

라이카가 희생된 이후 1961년 사람도 우주에 갔어요. 이 책에 나오는 유리 가가린이라는 사람이에요. 그리고 그는 최초의 우주 비행을 한 사람으로 영웅이 되었죠. 길거리를 떠돌던 유기견이었던 라이카가 혹독한 훈련 끝에 우주로 갔고 죽음을 맞이했다는 사실은 사람들에게 잊혔지만, 다행히 우리에겐 이렇게 라이카의 이야기를 담은 그림책이 있네요.

이 책을 읽고 라이카가 왜 우주를 외로운 곳이라고 했는지 생각해 보세요. 그리고 인간이 자신들의 욕심, 목적을 위해 동물을 희생하는 것에 대해서도 생각해 보면 좋겠어요.

책 속으로

Q1. 1957년 스푸트니크 2호를 타고 우주에 간 건 누구인가요?

Q2. 1961년 우주선 보스토크 1호에 타고 우주에 간 건 누구인가요?

Q3. 라이카는 우주는 아름답지만 어떻다고 했나요?

Q4. 우주는 깜깜하지만 무엇과 무엇이 있다고 했나요?

Q3. 라이카가 텅 빈 우주라고 느낄때 가가린은 어떤 생각을 했나요?

오늘 만날 어휘

1. 영웅
   - 뜻 보통 사람이 해내기 어려운 일을 한 대단한 사람
   - 문장 이순신은 임진왜란의 영웅이다.

2. 동료
   - 뜻 같은 직장이나 같은 부문에서 함께 일하는 사람
   - 문장 우리 아빠는 회사 동료와 저녁을 자주 먹는다.

3. 발사
   - 뜻 총이나 로켓 등을 쏘는 것
   - 문장 우리나라도 우주 발사를 한다.

그림으로 생각하기

가장 마음에 남는 장면을 그려 보세요.

글 쓰며 생각하기

1 작은 우주선에 갇혀 홀로 우주로 보내진 라이카는 어떤 생각을 했을까요?

2 돌아올 수 없는 우주선에 라이카를 보낸 사람들에게 어떤 말을 하고 싶나요?

3 인간은 왜 우주를 개발하고 싶어 할까요?

4 최초로 우주에 간 개 라이카에게 상을 줄 거예요. 어떤 말을 하며 줄지 한 문장으로 써 보세요.

책 속으로 정답   Q1. 라이카   Q2. 유리 가가린   Q3. 배가 고프다.   Q4. 희망과 기적
Q5. 새로운 역사가 시작되었다.

황소고집 이순신
정하섭 글
원혜영 그림 | 우주나무

읽은 날
월   일

재미 별점
☆☆☆

책 만나기

황소고집은 정말 고집이 센 사람에게 붙이는 말이에요. 이 책의 제목처럼 이순신도 황소고집이었는데요. 전쟁놀이를 얼마나 좋아했던지 어른에게 실수도 하곤 했어요. 하지만 그 고집으로 수군이 되었을 때 전쟁 준비를 미리 하기도 했지요. 사람들이 불평했지만 아랑곳하지 않고 말이에요.

이 책에는 이순신의 어린 시절 일화가 등장해요. 전쟁놀이를 좋아하고, 결국 무과 시험을 봐 장군이 되는 과정을 보면 좋아하는 일을 계속 하는 것이 얼마나 중요한지 알 수 있어요.

여러분은 어떤 것을 좋아하나요? 잘하는 것은요? 떠오르는 것이 없어도 괜찮아요. 지금 즐겁게 놀고, 하고 싶은 것을 하다 보면 어느새 발견할 수 있거든요. 정말 하고 싶은 것을 발견한다면 이순신처럼 포기하지 않고 열심히 해 보길 바라요.

책 속으로

Q1. 힘이 세진 않지만 순신이가 잘하는 것은 무엇인가요?

Q2. 전쟁놀이를 하다 어느 어르신에게 혼난 이유는 무엇인가요?

Q3. 부모님이 과거 시험 준비를 하라고 해서 이순신은 전쟁놀이 대신 무엇을 했나요?

Q4. 문과 시험에 계속 떨어지자 어떤 시험 준비를 했나요?

Q5. 수군이 된 이순신이 한 일을 한 가지만 말해 보세요.

오늘 만날 어휘

1. 기겁하다
   - 뜻 쓰러질 듯 매우 놀라다.
   - 문장 나는 지렁이를 보고 기겁했다.

2. 발칙하다
   - 뜻 행동이나 말이 매우 버릇없다.
   - 문장 엄마가 발칙한 친구와 놀지 말라고 했다.

3. 번번이
   - 뜻 늘, 항상
   - 문장 내 친구는 약속을 번번이 어긴다.

그림으로 생각하기

이순신이 한 일 중 멋진 모습을 그려 보세요.

글 쓰며 생각하기

1 이순신의 모습 중 멋지다고 생각한 것은 무엇인지 이유와 함께 써 보세요.

2 부모님이 하라고 하는 일과 내가 하고 싶은 일이 다를 때 어떻게 해야 할까요?

3 이순신은 고집이 셌어요. 하지만 그 고집 덕분에 해낸 일도 있지요. 여러분의 성격을 떠올려 보고 어떤 점에 활용하면 좋은지 써 보세요.

책 속으로 정답   Q1. 작전을 짜는 것   Q2. 다른 길로 가라고 해서   Q3. 글공부   Q4. 무과 시험
Q5. 왜군과 맞서 이겼다.

개구리네 한솥밥

백석 글
유애로 그림 | 보림

읽은 날 월 일

재미 별점 ☆☆☆

책 만나기

개구리가 쌀을 얻으러 형 집에 가요. 그런데 길을 가다 어려움에 처한 친구들을 계속 만나요. 친구들을 모두 도와주다 보니 돌아오는 길이 너무 어두워져서 자꾸 넘어지려고 해요. 그런데 그때 개구리가 도와준 친구들이 하나 둘 나타나 개구리가 무사히 집에 올 수 있게 돕는 거 있죠? 무사히 돌아와서는 형에게 받아 온 쌀로 밥을 지어 모두 둘러앉아 맛있게 먹었어요.

이 동화는 동화시라고도 하는데요. 소리 내어 읽으면 노래하는 느낌이 들어요. 우리나라의 대표 시인인 백석 시인이 지은 시랍니다. 같은 말이 반복되어 운율감이 느껴져 재미있기도 하고 내용도 쏙쏙 들어와요. 우리 옛 물건이나 생활 모습을 보여 주는 단어를 만나는 재미도 있어요.

이 책을 읽으며 개구리와 친구들이 서로 도우며 행복해 하는 모습을 마음껏 느껴 보세요. 여러분도 주변 사람들과 어떤 일을 함께 하고 싶은지 생각하면 더 좋아요.

책 속으로

Q1. 개구리가 형네 집에 간 이유는 무엇인가요?

Q2. 형네 집에 가는 길에 개구리가 도운 친구들은 누구누구인가요?

Q3. 개구리가 집으로 돌아오는 길에 어떤 어려움이 있었나요?

Q4. 개똥벌레가 개구리에게 어떤 도움을 주었나요?

Q4. 개구리가 도와준 친구들 덕에 집에 무사히 와서 다 같이 무엇을 했나요?

오늘 만날 어휘

1. 도랑
뜻 매우 작고 좁은 개울
문장 도랑에서 가재 잡는 아이를 봤다.

2. 장작
뜻 통나무를 길쭉하게 잘라서 쪼갠 땔나무
문장 땔감으로 쓰려고 장작을 만들었다.

3. 닁큼(냉큼)
뜻 머뭇거리지 않고 단번에 빨리
문장 선생님이 냉큼 뛰어오라고 하셨다.

그림으로 생각하기
마음에 가장 많이 남은 장면을 그려 보세요.

글 쓰며 생각하기

1 만약 여러분이 개구리라면 어려움에 처한 친구들을 보고 어떻게 할지 이유와 함께 써 보세요.

2 여러분이 친구를 도와주거나 반대로 도움을 받은 경험을 써 보세요.

3 서로 돕는 것은 왜 좋은 일일까요?

책 속으로 정답 Q1. 쌀 한 말을 얻으려고   Q2. 소시랑게, 방아깨비, 쇠똥구리, 하늘소, 개똥벌레   Q3. 날이 어두워졌다.
Q4. 길을 밝혀 주었다.   Q5. 밥을 지어 먹었다.

낱말 공장 나라

아네스 드 레스트라드 글
발레리아 도캄포 그림 | 세용출판

읽은 날
월 일

재미 별점
☆☆☆

책 만나기

사람들이 말을 하지 않는 나라가 있어요. 이 나라는 말을 하기 위해서는 돈으로 낱말을 사서 삼켜야만 해요. 그렇다 보니 부자들은 낱말을 마음껏 사서 말할 수 있어요. 하지만 말로 전할 수 없는 진심도 있는 법이지요. 이 책의 주인공 필레아스가 바로 그런 아이랍니다. 필레아스는 자신이 직접 곤충망으로 모은 낱말을 좋아하는 아이 시벨에게 선물해요. 선물을 받은 시벨은 과연 어떤 반응이었을까요? 필레아스가 준 낱말은 무엇이었을까요?

우리는 매일 자유롭게 말을 하고 살아요. 그래서 낱말을 사서 사용해야 한다는 생각을 해 보지 못했을 거예요. 그런데 만약 돈으로 낱말을 사야 한다면 사람들은 어떻게 달라질까요? 이 책을 읽으며 우리가 하는 말의 소중함을 생각해 보면 좋겠어요. 더불어 조심해서 사용해야 하는 말은 무엇인지, 소중히 여기고 싶은 말은 무엇인지도 생각해 보세요.

책 속으로

Q1. 낱말 공장 나라는 말을 하려면 낱말을 사서 어떻게 해야 했나요?

Q2. 사람들이 버린 낱말은 어떤 것들인가요?

Q3. 필레아스가 곤충망으로 잡은 낱말 세 개를 써 보세요.

Q4. 부모님이 부자인 오스카는 낱말은 많았지만 '이것'이 없었어요. '이것'은 무엇인가요?

Q5. 필레아스가 시벨에게 낱말을 선물하자 시벨은 어떻게 했나요?

오늘 만날 어휘

1. 낱말
   - 뜻: 홀로 쓰일 수 있는 말의 단위
   - 문장: 나는 낱말을 많이 알고 있다.

2. 거대하다
   - 뜻: 엄청나게 크다.
   - 문장: 저 산이 너무 거대해 보인다.

3. 한아름
   - 뜻: 두 팔을 최대한 둥글게 모아서 만든 둘레
   - 문장: 꽃을 한아름 안고 있었다.

그림으로 생각하기

마음에 가장 많이 남은 장면을 그려 보세요.

글 쓰며 생각하기

1 여러분이 좋아하는 낱말은 무엇인지 이유를 써 보세요.

2 버려도 좋을 나쁜 낱말이라고 생각하는 것이 있나요? 이유는 무엇인가요?

3 이 책 내용처럼 낱말을 사서 쓸 수 있다면 어떤 낱말을 사서 누구에게 주고 싶은지 써 보세요.

책 속으로 정답 Q1. 낱말을 삼켜야 한다.   Q2. 쓸데없는 낱말, 말 찌꺼기   Q3. 체리, 먼지, 의자   Q4. 미소   Q5. 볼에 입을 맞추었다.

책이 스마트폰보다
좋을 수밖에 없는 12가지 이유
노은주 글·그림 | 단비어린이

읽은 날
월   일

재미 별점
☆☆☆

책 만나기

혹시 스마트폰을 가지고 있나요? 있다면 하루에 얼마나 사용하고 있나요? 없다면 주변 사람들이 스마트폰을 들고 있는 모습을 생각해 보세요. 얼마나 하는지, 무엇을 보는지 말이에요.

스마트폰이 생겨나면서부터 어떤 사람들은 책을 멀리하기 시작했어요. 스마트폰 안에는 정말 재밌고 화려한 것들이 많이 있거든요. 즐거운 게임도 할 수 있고 노래도 들을 수 있어요. 재밌는 영상도 볼 수 있고 다른 사람이 올린 사진이나 글을 보며 함께 즐길 수도 있죠. 그러다 보니 어느새 손에 책보다 스마트폰을 들고 있는 사람들이 많아졌답니다.

이 책은 제목처럼 책이 스마트폰보다 좋은 이유를 알려 주고 있어요. 전자 기기와 종이의 차이점부터 책을 읽는 사람만이 얻는 것, 책만의 장점, 책 속 주인공들의 매력 등에 대해 이야기해 주고 있답니다. 여러분은 어떤 책을 좋아하나요? 평생 함께하고 싶은 반려 책이 있나요? 그 책을 읽을 때 어떤 점이 좋았는지 떠올려 보세요. 잘 떠오르지 않는다면 지금 책 한 권 펼쳐 보면 어떨까요? 여러분 스스로 책이 스마트폰보다 좋은 이유를 찾게 될 거예요!

책 속으로

Q1. 재미없는 책을 읽으면 '이것'이 솔솔 와서 좋아요.

Q2. 전자 기기에서 나오는 전자파는 여러 문제를 일으켜요. 특히 더 위험한 이유는 무엇인가요?

Q3. 책 속 주인공들의 멋진 점은 무엇인가요?

Q4. 책을 읽으면 어디가 튼튼해지나요?

Q5. 책에 중독되면 무엇이 될 수 있나요?

오늘 만날 어휘

1. 충전
   뜻 메워서 채우는 것
   문장 힘들 때는 쉬면서 충전해야 한다.

2. 나른하다
   뜻 몸이 쭉 풀리면서 기운이 없다.
   문장 밥을 먹고 나면 몸이 나른하다.

3. 부산하다
   뜻 서둘러 움직이거나 시끄럽게 떠들어 어수선하다.
   문장 교실에 아이들이 많아 부산스러웠다.

그림으로 생각하기
여러분이 가장 좋아하는 책 표지를 그려 보세요.

글 쓰며 생각하기

1 여러분은 책을 좋아하나요? 이유는 무엇인가요?

2 여러분이 생각하는 책이 스마트폰보다 좋은 이유는 무엇인가요?

3 하루에 책을 얼마나 읽고 싶은지 써 보세요.

책 속으로 정답   Q1. 잠   Q2. 눈에 보이지 않아서   Q3. 포기하지 않는다.   Q4. 뇌   Q5. 작가나 학자

뒷집 준범이

이혜란 글·그림 | 보림

읽은 날
월 일

재미 별점

책 만나기

준범이는 할머니와 살고 있어요. 어느 날 한 동네로 이사를 왔지요. 할머니는 일을 하러 나가셨고 집에는 준범이 혼자입니다. 그런데 밖에서 시끌시끌 소리가 들려요. 동네 아이들이 노는 소리지요. 밖의 모습을 관찰하는 것을 좋아하는 준범이는 집 안에서 친구들이 즐겁게 노는 모습을 바라만 봐요. 아이들이 나오라고 해도 나가지 않는 준범이. 그런데 아이들이 준범이와 놀기 위해 와요. 강희네 엄마는 맛있는 자장면도 가져다 주네요. 준범이는 이제 혼자가 아니에요. 친구들과 같이 놀면 되거든요. 귀여운 강아지도요! 모두 모두 그렇게 친구가 되었습니다.

이 책의 앞면지와 뒷면지를 보면 그림이 나와요. 준범이가 바라보는 모습, 그리고 준범이와 할머니의 모습이죠. 글이 없는 페이지지만 이 모습을 보면 왠지 준범이의 마음이 느껴지는 것도 같아요. 선생님은 이 책을 읽으며 서로의 가정 환경이나 상황 등 그 어느 것도 신경 쓰지 않고 서로 친구가 되는 아이들 모습이 참으로 사랑스러웠어요. 무엇보다 준범이에게 아무렇지 않게 손을 내미는 아이들 모습도요. 어린이는 원래 서로의 마음이 통하고 눈빛을 마주하면 친구가 되는 것일까요? 이 책을 읽으며 여러분은 어떻게 친구와 가까워지는지, 어떻게 손을 내미는지 생각해 보세요.

책 속으로

Q1. 미용실 집 아이 공주를 보며 아빠는 늘 뭐라고 하나요?

Q2. 동생이 잘못해도 충원이가 야단맞는 이유는 무엇인가요?

Q3. 강희네 집에서는 왜 항상 맛있는 냄새가 나요?

Q4. 아이들이 놀자고 해도 준범이가 집에만 있는 이유는 무엇인가요?

Q5. 집에만 있는 준범이에게 어떤 일이 벌어졌나요?

오늘 만날 어휘

1. 골목
뜻 동네 안 여기저기 통하는 좁은 길
문장 골목에 앉아서 공기놀이를 했다.

2. 너머
뜻 집이나 산 등 높은 것의 그 뒤를 가리키는 말
문장 저 산 너머에는 우리 할아버지가 사신다.

3. 마당
뜻 집의 앞뒤나 어떤 곳에 닦아 놓은 평평한 땅
문장 마당에 잠든 강아지가 귀엽다.

그림으로 생각하기

가장 재미있었던 장면을 그려 보세요.

글 쓰며 생각하기

1 집에 혼자 있는 준범이의 마음은 어땠을까요?

2 친구들이 와서 같이 놀았을 때 준범이는 어떤 마음이 들었을까요?

3 친구하고 친해지는 방법에는 무엇이 있을까요?

4 준범이와 친구들과 함께 논다면 뭘 하고 놀고 싶은지 써 보세요.

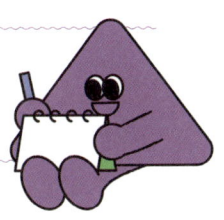

책 속으로 정답   Q1. 세상에서 가장 예쁜 공주님   Q2. 오빠니까   Q3. 음식점을 해서   Q4. 할머니가 집에서 놀라고 해서
Q5. 아이들이 와서 같이 놀았다.

바이러스 빌리

하이디 트르팍 글
레오노라 라이틀 그림 | 위즈덤하우스

읽은 날
월 일

재미 별점

📘 책 만나기

겨울철이 되면 신나게 놀다가 재채기를 하거나 콧물을 흘리는 친구를 많이 볼 수 있어요. 코감기가 잘 걸리는 계절이기 때문이지요. 코감기의 원인은 바로 리노 바이러스예요. 우리 몸을 숙주로 삼아 어느새 침투하여 우리를 아프게 한답니다.

이 책은 리노 바이러스에 대한 책인데요. 리노 바이러스는 언제 우리 몸에 들어오는지 우리 몸에 들어와 무엇을 하는지, 리노 바이러스가 좋아하는 것과 싫어하는 것을 재미있는 그림과 함께 일러 주고 있어요. 누구나 한 번쯤 걸리는 코감기에 대해 속시원히 알 수 있는 책이지요.

특히 그림을 잘 보면 좋아요. 바이러스는 눈에 잘 보이지 않아 우리가 아프기도 하고 감기에 걸리기도 하는 건데요. 그 바이러스의 모습을 재미있게 표현했답니다. 이 책을 읽다 보면 리노 바이러스가 좋아하는 것을 알게 돼요. 그럼 우리는 그걸 피하면 되겠죠? 그래야 코감기에 안 걸릴 테니까요. 하지만 또 바이러스는 우리 주변에 있을 수밖에 없으니 어떻게 해야 같이 잘 살 수 있는지도 이 책을 통해 알아보세요.

📗 책 속으로

Q1. 리노 바이러스는 어떤 바이러스인가요?

Q2. 리노 바이러스가 인간을 숙주로 삼아 하는 일은 무엇인가요?

Q3. 리노 바이러스는 우리가 코를 푸는 것을 싫어해요. 이유는 무엇인가요?

Q4. 코감기에 걸리면 우리 몸이 바이러스를 내보내기 위해 액체인 '이것'을 만들어 내요. '이것'은 무엇인가요?

Q5. 리노 바이러스가 우리 몸에 잘 들어오는 계절은 언제인가요?

오늘 만날 어휘

1. 유감
   뜻 섭섭하거나 불만스럽게 남아 있는 느낌
   문장 친구가 나에게 화를 내서 유감이다.

2. 감염
   뜻 병균이 몸 안에 들어와 퍼지는 것
   문장 감기 바이러스에 감염되면 힘들다.

3. 방어
   뜻 상대편의 공격을 막음
   문장 형이 나에게 달려와 방어했다.

그림으로 생각하기
가장 재미있었던 장면을 그려 보세요.

글 쓰며 생각하기

1 코감기에 걸렸을 때 어떤 현상이 나타났나요?

2 코감기에 걸렸을 때 불편한 점은 무엇이었나요?

3 코감기에 걸리지 않으려면 어떻게 하면 좋을지 써 보세요.

4 리노 바이러스에게 하고 싶은 말을 써 보세요.

책 속으로 정답   Q1. 코감기 바이러스   Q2. 영양분을 얻는다.   Q3. 코를 풀면 인간의 몸에 오래 있을 수 없어서
Q4. 콧물   Q5. 가을과 겨울

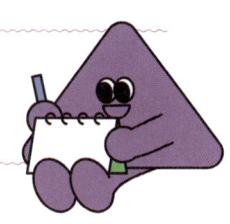

한밤의 정원사
테리 펜, 에릭 펜 글·그림 | 북극곰

읽은 날
월 일

재미 별점

책 만나기

여러분은 혹시 어떤 그림이나 조각 등 예술 작품을 보고 크게 감동한 적이 있나요? 이 책은 어느 어둡고 우울한 그림로치가에 한 정원사가 나타나면서 벌어지는 마법을 그리고 있어요. 매일 밤이 지나면 나무가 멋진 조각으로 변하는데요. 그 조각을 보는 사람들이 점점 밝고 환하게 변하며 축제도 벌여요. 그 힘은 바로 한밤의 정원사가 만든 예술 작품과도 같은 여러 모양의 조각이죠. 아름다운 것은 사람을 변화시킬 수 있다는 이야기예요.

그런데 더 놀라운 점이 있어요. 그림로치 보육원에 살던 윌리엄에게 나타난 변화예요. 아이 또한 한밤의 정원사로 인해 많은 변화를 맞이하는데요. 아이가 처음 멋진 나무 조각을 보고, 그와 함께 나무에 올라 조각을 하고, 또 그에게 선물을 받으며 삶이 변화하는 과정은 참으로 아름답습니다. 사람이 사람을 아름답게 만드는 이 그림책이 여러분 마음에도 큰 울림을 주면 좋겠어요.

책 속으로

Q1. 한밤의 정원사가 오기 전 그림로치가는 어떤 모습이었나요?

Q2. 윌리엄은 어디에 살고 있었나요?

Q3. 사람들 소리에 밖을 내다본 윌리엄이 본 나무는 어떤 모양이었나요?

Q4. 정원사가 나무를 가꾸기 시작하며 마을 사람들은 어떻게 달라졌나요?

Q5. 정원사가 떠나고 난 뒤 윌리엄에게는 어떤 변화가 생겼나요?

오늘 만날 어휘

1. 넋
   - 뜻 정신이나 마음
   - 문장 아름다운 꽃을 넋을 놓고 바라봤다.

2. 웅장하다
   - 뜻 규모 따위가 매우 크고 멋지다.
   - 문장 엄마하고 본 뮤지컬 무대가 웅장했다.

3. 들뜨다
   - 뜻 마음이나 분위기가 가라앉지 않고 흥분되다.
   - 문장 친구하고 놀 생각에 들떠 있었다.

그림으로 생각하기

한밤의 정원사가 조각한 나무 중 가장 멋진 것을 그려 보세요.

글 쓰며 생각하기

1. 그림로치가에 정원사가 처음 나타났을 때 윌리엄이 바닥에 무엇을 그리고 있었는지 보세요. 이것과 정원사가 처음 조각한 부엉이 나무는 어떤 관련이 있을까요?

2. 마을 사람들은 왜 밝고 행복하게 변화했을까요?

3. 윌리엄이 정원사를 다시 만난다면 어떤 말을 하고 싶을까요?

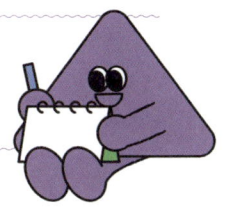

책 속으로 정답 Q1. 어둡고 우울한 분위기 Q2. 그림로치 보육원 Q3. 부엉이 모양 Q4. 밝고 행복해졌다.
Q5. 정원사가 되었다.

난 곤충이 좋아

소피아 스펜서, 마거릿 맥나마라 글
케라스코에트 그림 | 미디어창비

읽은 날
월 일

재미 별점

책 만나기

곤충을 좋아하는 한 소녀가 있었어요. 아주 어릴 때부터 관심을 갖기 시작해 곤충학자까지 꿈꾸게 되었지요. 소녀는 좋아하는 것에 열중했어요. 매일 곤충을 관찰하고 바라보고, 소중히 여겼답니다.

하지만 그런 소피아에게 고민이 있었어요. 친구들이 소피아를 놀리는 거였죠. 평범하지 않다면서, 어떻게 곤충을 좋아할 수 있냐고 물으면서 말이죠. 따돌림까지 당하는 상황이 되자 소피아는 정말 슬펐어요.

이런 소피아를 위해 엄마는 곤충학회에 메일을 보냈어요. 소피아의 사연은 그렇게 알려졌고 이후로 많은 이들이 소피아를 응원하고 지지했어요. 소피아는 여러 방송에 나와 좋아하는 곤충과 자신에 대해 이야기하며 더욱 응원을 얻었어요.

이 책은 그런 소피아의 이야기이자 소피아가 사랑한 곤충의 이야기예요. 아름다운 그림과 더불어 한 장 한 장 넘기다 보면 소피아의 이야기가 감동으로 다가올 거예요. 이 책을 읽고 여러분은 어떤 것을 정말 좋아하는지, 좋아하는 것이 있다는 것이 어떤 의미인지 생각해 보세요. 그리고 다른 사람이 좋아하는 것을 무시하고 따돌리기까지 하는 행동에 대해서도요!

책 속으로

Q1. 소피아가 처음 곤충을 좋아하게 된 건 어디에서였나요?

Q2. 과학자들은 곤충을 뭐라고도 부르나요?

Q3. 소피아는 곤충에 대해 어떤 규칙을 갖고 있었나요?

Q4. 친구들이 소피아와 놀지 않으려고 한 이유는 무엇인가요?

Q5. 모건 잭슨 박사를 만난 후 소피아의 마음은 어떻게 달라졌나요?

오늘 만날 어휘

1. 대륙
   - 뜻: 넓은 땅
   - 문장: 중국은 대륙으로 된 나라이다.

2. 격려
   - 뜻: 다른 사람의 기운을 올라오게 돕는 일
   - 문장: 내가 넘어지면 엄마가 격려해 준다.

3. 호기심
   - 뜻: 새롭고 신기한 것을 좋아하는 마음
   - 문장: 나는 호기심이 많다.

그림으로 생각하기

가장 재미있었던 장면을 그려 보세요.

글 쓰며 생각하기

1 곤충을 좋아한다며 놀리고 함께 놀지 않으려는 친구들에게 어떤 말을 해 주고 싶나요?

2 소피아가 가장 외로웠던 순간은 언제일까요?

3 누군가 나를 이해하지 못할 때 어떻게 하면 좋을까요?

4 여러분이 정말 좋아하는 것과 그것을 잘 유지하기 위한 방법을 써 보세요.

책 속으로 정답 Q1. 나비정원   Q2. 절지동물   Q3. 곤충을 죽이면 안 된다.   Q4. 곤충을 좋아해서
Q5. 학교 생활이 훨씬 좋아졌다.

태극기 다는 날
김용란 글
강지영 그림 | 한솔수북

읽은 날
월 일

재미 별점

책 만나기

여러분은 우리나라 국기인 태극기에 대해 얼마나 알고 있나요? 혹시 보지 않고 그려 본 적이 있나요? 이 책은 우리 태극기를 재밌게 잘 설명해 주는 책이에요. 빨강과 파랑이 만나 태극을 이루고 사괘가 네 귀퉁이에 자리 잡아 이루어진 것이 바로 태극기죠. 삼일절, 한글날, 개천절 등 나라에서 정한 국경일에는 태극기를 달아야 해요. 집집마다 태극기를 달린 모

습을 볼 수 있고 거리에도 여기저기 태극기가 달려 있죠. 하지만 태극기는 지금 우리가 아는 모양이 아니었어요. 역사 속에서 여러 번 바뀌었는데요. 여러 가지 중 아홉 가지 모양이 이 책의 부록에 있답니다. 부록에서 태극기가 그동안 어떻게 변화해 왔는지 살펴보세요.

각 나라는 국기가 있습니다. 국기는 그 나라를 상징하는 거예요. 태극기가 우리나라를 상징하듯 말이에요. 그 밖에도 우리나라를 상징하는 것을 떠올려 보세요. 하나씩 생각하다 보면 우리나라가 더 좋아질지도 몰라요. 그리고 앞으로 국경일에는 꼭 태극기를 달아 보기로 해요. 만약 부모님이 잊으시면 여러분이 꼭 이야기해 주세요.

책 속으로

Q1. 태극기의 흰색은 우리나라가 (   )를 사랑한다는 뜻을 담고 있어요.

Q2. 빨강, 파랑의 태극 무늬는 세상 모두 어울리며 (   )한다는 뜻이에요.

Q3. 태극 무늬 둘레에 있는 네 개의 괘를 무엇이라고 하나요?

Q4. (   ) 날에는 태극기를 높이 달고, (   ) 날에는 태극기를 낮게 달아야 해요.

Q5. 태극기 다는 날은 삼일절, 제헌절, 광복절, 국군의 날, 개천절, 한글날, 그리고 또 언제인가요? 나라를 위해 목숨 바친 분들을 위로하는 날이에요.

오늘 만날 어휘

1. 평화
뜻 싸움이나 전쟁 없이 서로 편안한 상태
문장 나와 오빠가 자주 싸워 우리 집은 늘 평화롭지 않다.

2. 으뜸
뜻 많은 가운데 가장 뛰어난 것
문장 우리 반에서 글씨는 내가 으뜸으로 잘 쓴다.

3. 기념
뜻 특별한 날을 잊지 않기 위해 기억 또는 기록함
문장 우리는 생일을 기념해서 여행을 갔다.

그림으로 생각하기

책을 보고 태극기를 그려 보세요.

글 쓰며 생각하기

1 우리 집에 태극기가 있는지 찾아보세요. 없다면 어떻게 하면 좋을까요?

2 태극기 말고 또 우리나라를 상징하는 것들을 써 보세요.

3 국경일에 태극기를 달아야 하는 이유를 써 보세요.

책 속으로 정답 Q1. 평화   Q2. 발전   Q3. 사과   Q4. 기쁜, 슬픈   Q5. 현충일

뒤집힌 호랑이
김용철 글·그림 | 보리

읽은 날
월   일

재미 별점
☆☆☆

책 만나기

소금장수가 소금을 팔기 위해 길을 가고 있었어요. 짐을 짊어지고 산길을 넘고 있을 때, 갑자기 호랑이가 나타나 소금장수를 꿀꺽 먹어 버렸어요. 호랑이 뱃속으로 들어가서 정신을 차려 보니 신기한 것이 있었어요. 간, 콩팥, 허파가 주렁주렁 달려 있는 거 있죠. 소금장수는 맛있겠다 싶어 칼로 싹둑 잘랐어요. 그런데 구울 불이 없지 뭐예요. 때마침 저쪽에서 숯장수가 왔어요. 그도 잡아먹힌 거지요. 그래서 숯불에 고기를 구워 먹었어요. 어랏, 그런데 보니까 옹기장수, 엿장수, 나무꾼 등 사람이 많은 거예요. 그들은 모두 고기를 맛있게 나누어 먹었어요.

그러다 보니 호랑이는 죽어서 철푸덕 쓰러졌어요. 사람들은 밖으로 나올 궁리를 하다가 호랑이 똥구멍을 발견했어요. 소금장수는 담뱃대로 똥구멍을 쑤셨는데 호랑이 꼬리가 딸려 들어온 거예요. 그 꼬리를 다 같이 잡아당기다 보니 호랑이가 뒤집혀 버린 거 있죠. 결국 사람들은 모두 밖으로 튕겨져 나올 수 있었어요. 그리고는 소금장수에게 고맙다고 연신 인사를 하며 모두들 자기 갈 길을 갔지요.

호랑이에게 잡아먹히면 무서울 것도 같은데 고기를 구워 먹기도 하고요. 잡아먹힌 다른 사람들과 힘을 모아 밖으로 다시 나오는 모습을 보면 사람들의 지혜가 참 중요하다고 생각됩니다.

책 속으로

Q1. 소금장수가 짐을 짊어지고 산을 넘다 어떤 일을 당했나요?

Q2. 소금장수는 호랑이 뱃속에서 숯장수와 만나 무엇을 했나요?

Q3. 소금장수, 숯장수 말고 뱃속에 또 누가 있었나요?

Q4. 소금장수가 담뱃대로 호랑이 뱃속으로 끌고 들어온 것은 무엇인가요?

Q5. 호랑이의 뱃속에 있던 사람들은 어떻게 되었나요?

오늘 만날 어휘

1. 장수
   - 뜻 장사하는 사람
   - 문장 예전에는 소금 장수가 있었다.

2. 옹기
   - 뜻 질그릇과 오지그릇을 아울러 이르는 말
   - 문장 할머니 집의 고추장은 옹기 안에 있다.

3. 엊그저께
   - 뜻 2, 3일 전(어제, 그저께)
   - 문장 엊그저께 삼겹살을 먹었다.

그림으로 생각하기
가장 재미있었던 장면을 그려 보세요.

글 쓰며 생각하기

1 호랑이에게 잡아먹히면 어떤 방법으로 나올 수 있을까요?

2 호랑이 뱃속에서 나오는 데 누가 가장 큰 역할을 했다고 생각하나요? 이유는 무엇인가요?

3 호랑이 뱃속에서 하고 싶은 일을 상상해 보세요.

책 속으로 정답 Q1. 호랑이 뱃속에 들어가 버렸다. Q2. 호랑이 뱃속의 고기를 구워 먹었다. Q3. 옹기장수, 엿장수, 나무꾼 등 Q4. 호랑이 꼬리 Q5. 모두 밖으로 나왔다.

아무도 듣지 않는 바이올린

캐시 스틴슨 글
듀산 페트릭 그림 | 책과콩나무

읽은 날
　월　　일

재미 별점

책 만나기

조슈아 벨은 세계적인 바이올린 연주자입니다. 어릴 때 음악에 재능이 발견되어 부모님이 바이올린 학원에 보냈다고 해요. 이후 음악 실력이 많이 성장하여 유명한 무대에서 많은 공연을 하며 사람들의 마음에 감동을 주었어요. 지금도 많은 사람들이 그의 연주를 듣기 위해 공연장을 찾곤 하죠.

그런 조슈아가 한 실험을 했어요. 평범한 거리의 연주자처럼 차려입고 지하철역에서 바이올린 연주를 한 거예요. 바이올린 연주가 지하철역을 가득 채우며 아름다운 향기를 냈어요. 그러나 대부분의 사람들은 그냥 지나쳐 가 버렸어요. 머물러 음악을 들은 사람은 거의 없었다고 해요. 연주가 끝난 후 박수를 치는 사람도요.

이 그림책은 바로 그 이야기를 담고 있어요. 당시 조슈아 벨의 눈에 들어온 장면 중 하나는 연주를 듣고 싶어 하는데 부모 손에 이끌려 가는 아이들이었다고 해요. 이 그림책의 주인공 딜런 역시 그런 아이들 중 하나였을 거예요. 아쉬움을 안고 집에 돌아온 딜런은 다행히 라디오에서 다시 음악을 들었어요. 그리고 그가 조슈아 벨이라는 것을 알게 되죠. 음악을 다시 만난 딜런은 무척 기뻐했답니다. 이 책을 읽고 유튜브에서 꼭 조슈아 벨의 연주를 찾아 들어 보세요.

책 속으로

Q1. 딜런은 어떤 아이였나요?

Q2. 지하철역에 바이올린 선율이 울려 퍼질 때 사람들은 어떤 반응이었나요?

Q3. 딜런이 지하철역에서 바이올린 연주를 계속 듣지 못한 이유는 무엇인가요?

Q4. 지하철역에서 바이올린을 연주하던 사람은 누구였나요?

Q5. 라디오에서 나오는 조슈아 벨의 음악을 들으며 엄마와 딜런은 무엇을 했나요?

오늘 만날 어휘

1. 솟구치다
   뜻 무언가 빠르게 솟아오르다.
   문장 바닥 분수에서 물이 솟구쳤다.

2. 목덜미
   뜻 목의 뒤쪽 부분과 그 아래 근처
   문장 겨울엔 목덜미도 추워 목도리를 한다.

3. 살갗
   뜻 살가죽의 겉면
   문장 태양 때문에 살갗이 벌게졌다.

그림으로 생각하기

유튜브에서 조슈아 벨의 연주를 듣고 상상되는 장면을 그려 보세요.

글 쓰며 생각하기

1 사람들이 바이올린 연주를 들으면서도 대부분 그냥 지나간 이유는 무엇일까요?

2 유튜브에서 조슈아 벨의 연주를 듣고 소감을 써 보세요.

3 아름다운 음악이 사람들에게 주는 영향은 무엇일까요?

책 속으로 정답   Q1. 뭐든지 잘 살펴보는 아이   Q2. 대부분 그냥 지나쳤다.   Q3. 엄마가 급히 데리고 가서   Q4. 조슈아 벨
Q5. 춤을 추었다.

선생님하고 결혼할 거야

다니엘 포세트 글
장 프랑수아 뒤몽 그림 | 비룡소

읽은 날
월   일

재미 별점

책 만나기

막심은 아홉 살이에요. 글도 술술 읽을 줄 알고요. 글자도 틀리지 않고 잘 쓴답니다. 게다가 스스로가 멋지다고 생각하기도 해요. 공부도 열심히 하는 막심은 소방수, 수학자, 우주 비행사가 되고 싶다는 상상을 해요. 왜냐고요? 막심은 사실 선생님을 정말 좋아하거든요. 소방수가 되면 불이 났을 때 선생님을 구출할 수 있잖아요. 수학자나 우주 비행사 역시 선생님을 떠올리며 생각하게 된 꿈이랍니다.

이 책은 막심이 좋아하는 선생님에게 잘 보이려고 노력하는 모습을 재미있게 보여 주는 책이에요. 선생님을 위해 시를 쓰는 모습도, 글자를 잘 쓴다고 제법 젠체하는 모습도 모두 사랑스럽고 귀엽게 느껴져요. 선생님과 행복한 시간을 보내는 상상을 하느라 비록 수업 시간에 졸지만 말이에요.

여러분은 선생님을 좋아해 본 적이 있나요? 여러분에게 친절한 선생님, 공부를 잘 가르쳐 주는 선생님 중 어떤 선생님이 좋은가요? 막심처럼 정말 너무너무 좋아하는 선생님이 있다면 편지도 쓰고, 마음도 표현해 보세요. 선생님도 여러분을 사랑스럽고 예쁘게 봐 주실지도 모른답니다.

책 속으로

Q1. 막심은 선생님에 대한 시를 써서 어떻게 했나요?

Q2. 막심이 공부를 열심히 하는 이유는 무엇인가요?

Q3. 만약 소방수가 되면 어떻게 할 거라고 했나요?

Q4. 수학자가 되어 강연회를 하면 선생님이 어떻게 해 주실 거라고 상상하고 있나요?

Q5. 우주 비행사가 되어 달나라에 가면 무엇을 할 거라고 했나요?

오늘 만날 어휘

1. 곰곰
   - 뜻 여러모로 깊이 생각하는 모양
   - 문장 친구한테 사과할지 곰곰 생각했다.

2. 머지않아
   - 뜻 가까운 미래에, 조만간
   - 문장 머지않아 생일이 오면 즐겁게 놀 것이다.

3. 갖은
   - 뜻 골고루 다 갖춘 것
   - 문장 게임에서 이기려고 갖은 노력을 했다.

그림으로 생각하기

마음에 가장 많이 남은 장면을 그려 보세요.

글 쓰며 생각하기

1 여러분은 선생님을 좋아하는 막심을 보며 어떤 생각을 했나요?

2 여러분도 선생님을 좋아한 적이 있나요? 이유는 무엇인가요?

3 선생님을 정말 좋아하는 막심에게 하고 싶은 말을 써 보세요.

책 속으로 정답 Q1. 선생님 책장에 두었다. Q2. 선생님이 잘했다고 써 주면 행복해져서 Q3. 선생님을 구출한다. Q4. 박수를 쳐 주실 것이다. Q5. 선생님하고 결혼한다.

리디아의 정원

사라 스튜어트 글
데이비드 스몰 그림 | 시공주니어

읽은 날
월   일

재미 별점

📘 책 만나기

'모두 다 꽃이야'라는 국악 동요가 있어요. 어디에 피든, 언제 피든, 이름이 있든 없든 누구나 다 꽃이고 소중하다는 가사예요. 이 노래는 그림책으로도 나와 있는데요. 사람은 정말 누구나 꽃이에요. 어떤 상황에서 살고 있든, 어떤 일을 겪고 있든 말이에요.

집이 어려워져 외삼촌 댁에서 지내게 된 리디아는 귀엽고도 아름다운 소녀예요. 반면에 외삼촌은 말도 없고 무뚝뚝한 사람이에요. 정원 가꾸기를 좋아하는 리디아는 건물 옥상에 멋진 정원을 만들어 무뚝뚝한 외삼촌을 변화시켜요. 정원을 본 외삼촌이 웃는 장면을 유심히 보면 여러분도 외삼촌의 변화가 느껴질 거예요.

리디아도 아직 어린 소녀이고, 부모님과 떨어져 있어 슬프기도 할 텐데 이렇게 다른 사람까지 행복하게 만드는 모습을 보며 선생님은 리디아가 꽃이 아닐까 생각했어요. 자신도 아름답고 주변도 아름답게 만드는 꽃 말이에요. 리디아의 이야기를 통해 여러분이 어려움을 이겨내는 용기와 사람의 아름다움을 느껴 보면 좋겠어요.

책 속으로

Q1. 리디아가 외삼촌 집에 머물게 된 것은 (   )이 어려워졌기 때문이에요.

Q2. 리디아가 잘하는 것은 무엇인가요?

Q3. 외삼촌은 어떤 분이셨나요?

Q4. 리디아로 인해 옥상이 어떻게 달라졌나요?

Q5. 옥상에 올라온 외삼촌이 전해 준 소식은 무엇인가요?

오늘 만날 어휘

1. 거들다
뜻 남이 하는 일을 함께 하면서 돕다.
문장 청소하는 엄마를 거들었다.

2. 만발하다
뜻 꽃이 활짝 다 피다.
문장 꽃이 만발하고 나비가 팔랑거린다.

3. 만반
뜻 준비할 수 있는 모든 것
문장 적군이 쳐들어올까 봐 만반의 준비를 했다.

그림으로 생각하기

리디아가 가꾼 정원의 모습을 그려 보세요.

글 쓰며 생각하기

리디아가 집으로 돌아간 후, 외삼촌이 리디아에게 편지를 썼다면 어떤 내용일까요? 무뚝뚝했던 외삼촌이 어떻게 변화했는지 생각하며 써 보세요. 리디아와 있었을 때 어떠했는지, 옥상 정원을 본 소감, 리디아가 떠난 이후 어떻게 달라졌는지, 리디아의 앞날에 대한 응원도 담아 알찬 글을 써 보세요.

책 속으로 정답   Q1. 형편   Q2. 꽃 가꾸기   Q3. 잘 웃지 않으시는 분   Q4. 꽃밭이 되었다.
Q5. 아빠가 취직을 했다.

목기린 씨, 타세요!
이은정 글
윤정주 그림 | 창비

읽은 날
월 일

재미 별점
☆☆☆

책 만나기

사람은 누구나 생김새, 특징, 성격 등이 다 달라요. 그런데 때로는 이 차이 때문에 불편함을 겪을 수 있어요. 키가 너무 작아 높은 곳의 물건을 꺼내기 어렵다거나 다리가 불편해서 빨리 걷지 못하는 등 말이에요. 생김새 때문에 사람들의 무시를 당하는 경우도 우리 주변에서 어렵지 않게 찾아 볼 수 있어요. 차이가 차별이 되는 거죠.

이 동화책 속 목기린 씨도 특별한 점이 있어요. 다른 동물에 비해 목이 너무 길다는 것이죠. 그래서 버스를 타지 못하고 걸어 다니느라 힘들어요. 관장에게 편지를 써 보았지만 좀처럼 해결되지 않아요. 마을 동물들은 목기린의 불편함을 알지만 해결해 줄 수 없으니 애써 모르는 체하기도 해요. 목기린 씨가 버스를 탈 수 있으려면 어떻게 해야 할까요? 그리고 과연 탈 수 있을까요?

선생님은 여러분이 이 책을 읽고 차이가 차별이 되지 않으려면 우리 모두 어떻게 해야 하는지 생각해 보면 좋겠어요. 누구나 다른 사람과 차이가 있고 그로 인해 불편함을 겪을 수 있으니까요.

책 속으로

Q1. 고슴도치 관장이 목기린 씨의 편지를 슬쩍 밀어 둔 건 다음 (　　　　)이 될 사람이 해결해 주길 바라서였어요.

Q2. 동물 친구들이 이야기할 때 목기린 씨를 끼워 주지 않은 이유는 무엇인가요?

Q3. 천장이 뚫린 버스를 타고 가다가 사고가 나서 목기린 씨는 어떻게 되었나요?

Q4. 고민 끝에 목기린 씨는 관장에게 버스 (　　　　)를 보냈어요.

Q5. 목기린 씨는 결국 어떻게 버스를 탈 수 있게 되었나요?

오늘 만날 어휘

1. 헛기침
- 뜻: 일부러 하는 기침
- 문장: 아빠가 헛기침을 한다는 건 숙제를 하라는 뜻이다.

2. 황급히
- 뜻: 몹시 급하고 바쁘게
- 문장: 지각할까 봐 황급히 옷을 입었다.

3. 무심하다
- 뜻: 아무 생각이나 감정이 없다.
- 문장: 친구가 나한테 무심하면 괜히 섭섭하다.

그림으로 생각하기

아래 '글 쓰며 생각하기'에서 떠올린 사람이 탈 만한 버스를 상상해서 그려 보세요.

글 쓰며 생각하기

여러분이 생각하는 버스에 타기 힘든 사람을 떠올려 보세요. 왜 불편할지, 어떻게 하면 좋을지 생각해서 관장에게 편지를 쓰는 거예요. 어떤 방법을 마련하면 좋을지, 왜 그래야 하는지 담아 써 보세요.

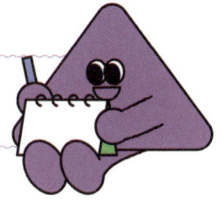

책 속으로 정답 Q1. 관장   Q2. 고개를 들고 외쳐야 해서   Q3. 목을 다쳤다.   Q4. 설계도
Q5. 탈 수 있는 버스가 만들어졌다.

마티유의 까만색 세상

질 티보 글
장 베르네슈 그림 | 어린이작가정신

읽은 날
　월　일

재미 별점

책 만나기

마티유는 앞을 볼 수 없는 아이입니다. 하지만 눈이 아닌 서른세 개의 다른 눈으로 본다고 해요. 그건 바로 귀, 손, 손가락, 발, 발가락 같은 것이지요. 자신의 모든 감각을 이용해서 세상을 보는 거예요. 마티유는 보이지 않지만 집안을 잘 돌아다녀요.

사람은 두 눈으로 세상을 봅니다. 그리고 느끼죠. 하지만 볼 수 없다고 아무 것도 모르는 건 아니에요. 마티유처럼 몸의 모든 감각으로 느끼면 되니까요. 나카야마 치나쓰 작가가 쓴 《어떤 느낌일까?》라는 그림책에서도 사람은 모두 남보다 부족한 것이 있는 대신 세상을 느끼는 자기만의 방식이 있음을 알려 줘요.

여러분이 이 책을 읽고, '장애가 있는 아이의 이야기'에만 집중하지 않았으면 해요. 그보다 중요한 것은 이 세상을 느끼는 자기만의 방식이니까요. 눈이 있어도 아름다운 세상을 볼 줄 모르고, 마음이 있어도 다른 사람의 마음을 느끼지 못하면 소용없잖아요.

여러분만의 세상을 느끼는 방식은 무엇인가요? 책을 읽고 생각해 보세요.

책 속으로

Q1. 마티유의 눈은 몇 개인가요?

Q2. 마티유는 마음으로 그림을 그리다 지우고 싶을 때 어떻게 하나요?

Q3. 학교 앞에서 아빠가 가지 않고 있다는 사실을 어떻게 알았나요?

Q4. 농가에서 만난 남자 아이가 마티유가 보일 거라고 말한 이유는 무엇인가요?

오늘 만날 어휘

1. 허공
뜻 텅 빈 공중
문장 허공에 나비가 날아다녔다.

2. 나흘
뜻 4일을 가리키는 순우리말
문장 나흘이 지나면 주말이라 신난다.

3. 농가
뜻 농사를 지으며 사는 집
문장 할머니는 시골 농가에 사신다.

그림으로 생각하기

마티유에게 보여 주고 싶은 풍경을 그려 보세요.

글 쓰며 생각하기

여러분이 보았던 가장 아름다운 모습을 마티유에게 보여 준다고 생각하고 그림 그리듯이 설명해 보세요. (하늘, 공원, 호수, 산책하는 사람들 등)

책 속으로 정답 Q1. 서른세 개 Q2. 눈을 깜빡인다. Q3. 멀어지는 발자국 소리가 들리지 않아서
Q4. 예쁜 강아지를 골라서

개구리와 두꺼비는 친구
아놀드 로벨 글·그림 | 비룡소

읽은 날
월   일

재미 별점
☆☆☆

책 만나기

개구리와 두꺼비는 친구입니다. 자주 만나 재미있는 일상을 보내요. 봄이 오지 않았다며 일어나지 않는 개구리를 깨우려고 달력을 5월로 만들어 두는가 하면, 수영복 입은 것을 보고 깔깔대기도 해요. 둘이 서로 노는 모습을 보면 조금 우스꽝스럽기도 하지만 서로가 서로를 얼마나 친밀하게 느끼고 있는지 알 수 있어요. 다섯 가지 에피소드를 읽다 보면 개구리도, 두꺼비도 사랑스럽게 느껴질지 몰라요.

여러분은 어떤 친구와 잘 지내나요? 그리고 어떤 친구가 좋은 친구일까요? 어린이집, 유치원, 학교를 거치며 여러 친구를 만났을 텐데요. 한 번도 받아 보지 못한 편지를 기다리는 두꺼비를 위해 편지를 써서 보내고 같이 앉아 기다려 주기까지 하는 개구리와 같은 친구가 여러분 곁에도 있나요? 또는 여러분이 그런 친구가 되어 본 적은요?

친구는 우리에게 참 소중한 존재예요. 개구리와 두꺼비처럼 서로에게 위로가 되어 주기도 하고, 원하는 것을 해 주면서 부족한 점을 채워 주기도 하니까요. 이 책을 읽고 여러분의 소중한 친구는 누구인지, 그 친구와 무엇을 하고 싶은지 생각해 보세요. 그리고 친구라는 존재가 왜 소중한지도요.

책 속으로

Q1. 개구리가 5월 중순에 깨워 달라고 하자 두꺼비는 어떻게 했나요?

Q2. 잃어버린 단추는 어디 있었나요?

Q3. 개구리가 두꺼비를 보고 웃은 이유는 무엇인가요?

Q4. 편지를 받고 싶어 하는 두꺼비를 위해 개구리는 무엇을 했나요?

오늘 만날 어휘

1. 줄곧
- 뜻: 끊임없이 계속해서
- 문장: 줄곧 비가 내려 못 나갔다.

2. 연거푸
- 뜻: 잇따라 여러 번 되풀이하여
- 문장: 나는 게임에서 연거푸 이겼다.

3. 강둑
- 뜻: 강물이 넘치지 않게 하려고 쌓은 둑
- 문장: 나는 강둑을 따라 자전거를 탔다.

그림으로 생각하기

가장 재미있었던 장면을 그려 보세요.

글 쓰며 생각하기

여러분의 가장 소중한 친구를 소개해 보세요. 친구의 이름, 친구의 성격, 장점, 함께 무엇을 할 때 가장 좋은지, 같이 무엇을 하고 싶은지 등을 써 보세요. 물론 여러분이 쓰고 싶은 내용을 더 써도 좋아요.

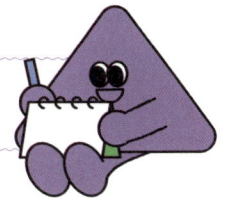

책 속으로 정답 Q1. 달력을 5월로 해 놓았다. Q2. 두꺼비네 집 마루 Q3. 수영복을 입은 모습이 웃겨서
Q4. 직접 편지를 써서 보냈다.

당나귀 실베스터와 요술 조약돌
윌리엄 스타이그 글·그림 | 비룡소

읽은 날
월   일

재미 별점

책 만나기

가족과 헤어지는 일은 상상만 해도 슬퍼요. 그런데 당나귀 실베스터에게 그런 일이 진짜 일어났어요. 요술 조약돌을 발견하면서부터였죠. 요술 조약돌은 손에 쥐고 무언가 이야기하면 그대로 이루어져요. 실베스터는 우연히 그 사실을 알고 기뻐했어요. 그런데 그만 실수로 바위가 되고 싶다고 하는 바람에 정말 바위가 되어 버렸어요. 실베스터는 다시 당나귀가 되어 집으로 돌아가고 싶었지만 그럴 수 없는 현실에 애가 탔어요. 조약돌을 들고 소원을 빌어야 이루어지는데 하필 조약돌은 또 옆에 떨어져 있는 바람에 그런 기적도 일어나지 않았죠. 한편 실베스터가 돌아오지 않자 엄마 아빠는 시름에 잠겼어요. 얼마나 염려가 되고 슬펐겠어요. 그렇게 시간은 흘러만 갔는데요. 실베스터는 과연 다시 당나귀가 되었을까요? 엄마 아빠와 다시 만났을까요?
이 책을 읽으며 가족이 얼마나 소중한 존재인지, 가족이 없다면 얼마나 슬플지 생각해 보세요. 가족과 함께 있는 것이 얼마나 기적 같은 일인지도 알게 될 거예요.

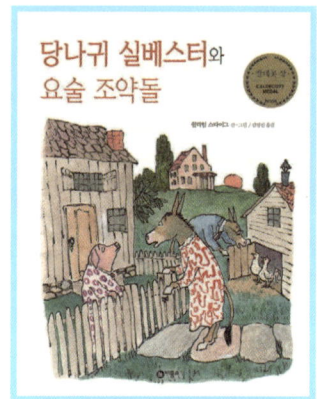

책 속으로

Q1. 실베스터가 주운 요술 조약돌에는 어떤 마법이 있었나요?

Q2. 실베스터가 사자를 보고 자기도 모르게 무엇으로 변하길 원한다고 했나요?

Q3. 실베스터가 사라지자 엄마와 아빠가 어떤 노력을 했는지 한 가지만 써요.

Q4. 소풍 나온 아빠가 조약돌을 발견해 바위 위에 올려놓자 어떤 일이 생겼나요?

Q5. 집으로 돌아온 아빠는 요술 조약돌을 어떻게 했나요?

오늘 만날 어휘

1. 열중하다
뜻 한 가지 일에 정신을 쏟다.
문장 독서할 때 열중하면 아무 소리가 안 들린다.

2. 헛것
뜻 없는데 있는 것처럼 보이는 것
문장 배가 고프면 헛것이 보인다.

3. 바래다
뜻 볕이나 습기를 받아 색이 변하다.
문장 오래된 책이 누렇게 바랬다.

그림으로 생각하기

마음에 가장 많이 남은 장면을 그려 보세요.

글 쓰며 생각하기

우리 가족을 떠올려 보세요. 참 고마운 존재지요. 이제 가족에게 감사의 마음을 전하는 글을 쓸 거예요. 가족이 있어서 좋은 점, 최근 좋았던 일, 가족이 없다면 얼마나 슬플지, 우리 가족하고 무엇을 하며 어떻게 지내고 싶은지 쓰면 멋진 편지가 될 거예요.

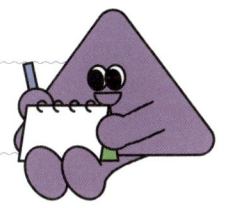

책 속으로 정답 Q1. 손에 쥐고 말을 하면 이루어진다.   Q2. 바위   Q3. 경찰서에 찾아갔다.
Q4. 실베스터가 당나귀가 되고 싶다고 외쳐 당나귀가 되었다.   Q5. 금고에 넣고 잠갔다.

오방매 씨의 스마트폰

류호선 글
이탁근 그림 | 그레이트북스

읽은 날
월   일

재미 별점
☆☆☆

책 만나기

스마트폰은 정말 편리해요. 멀리 있는 사람의 얼굴을 보며 통화도 할 수 있고 문자도 보낼 수 있고요. 물건을 사고 결제도 할 수 있어요. 그런가 하면 게임은 물론, 그 안의 여러 세상 속에서 즐겁게 놀 수도 있어요. 책도 많이 들어가서 무겁게 책을 들고 다닐 필요도 없지요.

하지만 이렇게 편리하다고 해서 스마트폰만 붙들고 있으면 어떤 문제가 생길까요? 가족들이 모여 있는 시간에 스마트폰만 들고 있으면 어떨까요? 게임을 너무 많이 하면요? 유튜브를 너무 많이 보면 어떻게 될까요? 이 책에 등장하는 오방매 할머니와 규현이의 이야기를 따라가다 보면 스마트폰을 어떻게 사용하는 것이 좋을지 생각하게 됩니다.

여러분은 혹시 스마트폰이 있나요? 있다면 하루 얼마나 사용하는지, 스마트폰으로 주로 무엇을 하는지 생각해 보세요. 여러분이 사용하는 방식은 적절한지도요. 그리고 올바른 스마트폰 사용에 대해 생각해 보고 실천도 하면 좋겠어요.

책 속으로

Q1. 할머니가 규현이네 온 이유는 무엇인가요?

Q2. 할머니가 건전지를 사야 한다고 한 이유는 무엇인가요?

Q3. 규현이가 할머니에게 스마트폰을 빌려 달라고 통사정을 하는 이유는 무엇인가요?

Q4. 할머니가 시골로 가시면 좋겠다고 생각한 이유는 무엇인가요?

Q5. 할머니가 장례식장에 가신 후 규현이는 무엇을 깨달았나요?

오늘 만날 어휘

1. 마다하다
뜻 거절하거나 싫다고 하다.
문장 나는 먹는 것은 마다하지 않는다.

2. 감질나다
뜻 바라는 정도에 못 미쳐 애가 타다.
문장 비가 감질나게 오니 눅눅하기만 하다.

3. 번거롭다
뜻 귀찮고 짜증스럽다.
문장 엄마는 설거지가 번거롭다고 했다.

그림으로 생각하기

마음에 가장 많이 남은 장면을 그려 보세요.

글 쓰며 생각하기

스마트폰을 많이 사용하면 어떤 문제가 생길지 생각해 보세요. 그리고 '스마트폰을 적당히 사용하자'라는 제목으로 글을 써 보세요. 많이 사용하지 않아야 하는 이유, 적당히 사용하는 법 등을 쓰면 돼요. 책 내용을 잘 떠올리면 쓸 수 있어요!

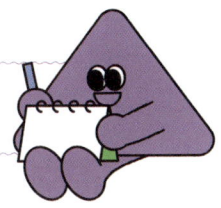

책 속으로 정답 Q1. 병원에 다니려고 Q2. 스마트폰에 건전지를 넣는 줄 알고 Q3. 친구들과 게임을 하려고
Q4. 스마트폰을 자기에게 줄 줄 알고 Q5. 스마트폰보다 할머니가 좋다는 것

우리 독도에서 온 편지

윤문영 글·그림 | 계수나무

읽은 날
월 일

재미 별점
☆☆☆

책 만나기

주인공 허일의 삼촌은 독도 경비 대원이에요. 삼촌은 독도를 지키며 보고 들은 것에 대해 조카 허일에게 편지를 보내주는데요. 독도에 사는 물범, 독도의 주인 역할을 하는 괭이 갈매기, 그리고 지금은 멸종된 강치 이야기를 들려준답니다. 허일은 삼촌이 보내는 편지를 읽으며 독도에 대해 알아가고, 독도를 친근하게 느낀다는 이야기예요.

여러분은 독도에 대해 들어 보았나요? 독도는 울릉도와 같이 있는 섬으로, 예부터 우리나라 땅이었어요. 책에서 알려주듯 동도와 서도라는 두 개의 섬으로 이루어져 있지요. 독도에는 우리 주민들이 살고 있으며, 자연이 아름다워요. 독도를 지키는 사람들이 잘 돌보아 주는 곳이죠. 이 책의 부록에서는 독도에 대해 더 자세히 설명해 주고 있어요. 독도의 역사, 가치, 독도가 우리 땅인 이유 등 말이에요. 이 부분까지 읽으면 독도가 왜 우리 땅인지 알 수 있을 거예요. 여러분은 혹시 일본이 계속 독도를 자신들의 땅이라고 말하고 있는 것, 알고 있나요? 이 책을 읽고 우리 땅이라고 말할 수 있는 여러분이 되길 바라요. 물론, 독도를 사랑하는 마음이 생기면 더욱 좋지요. 우리 땅 독도 이야기, 그럼 만나러 가 보세요!

책 속으로

Q1. 독도는 (   )와 (   )라는 두 개의 섬으로 이루어져 있어요.

Q2. 지금은 멸종된 독도에 살던 물개와 비슷하게 생긴 동물은 무엇인가요?

Q3. 독도의 주인 노릇을 하는 고양이 소리를 내는 갈매기의 이름을 써 보세요.

Q4. 오징어가 몰려오는 때 독도 앞바다가 대낮처럼 밝은 이유는 무엇인가요?

Q5. 책 속 주인공의 삼촌처럼 독도를 지키는 사람들을 뭐라고 부르나요?

오늘 만날 어휘

1. 면적
- 뜻: 특정한 공간이나 면의 넓이
- 문장: 우리 집에서 내 방 면적이 가장 좁다.

2. 수평선
- 뜻: 물과 하늘이 맞닿아 경계를 이루는 선
- 문장: 바다에 가서 수평선을 보면 정말 멀어 보인다.

3. 멸종
- 뜻: 생물의 한 종류가 아주 없어지는 것
- 문장: 독도에 살던 강치는 멸종되었다.

그림으로 생각하기

책에 나온 독도의 모습이나 독도에 사는 생물을 그려 보세요.

글 쓰며 생각하기

1 책을 읽고 독도를 지켜야 하는 이유를 써 보세요.

2 책의 부록을 읽고 독도에 대해 새롭게 알게 된 사실 한 가지를 써 보세요.

3 독도에 간다면 무엇을 해 보고 싶나요? 이유는 무엇인가요?

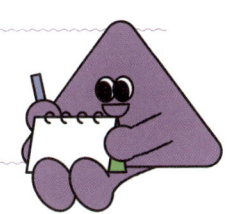

책 속으로 정답 Q1. 동도, 서도 Q2. 강치 Q3. 괭이갈매기 Q4. 오징어를 잡으려고 불을 밝혀 놓아서
Q5. 독도 경비 대원

뱀이다!
허은순 글
김이조 그림 | 보리

읽은 날
월 일

재미 별점
☆☆☆

책 만나기

병만이와 동만이는 형제랍니다. 병만이는 여덟 살, 동만이는 여섯 살이에요. 그리고 형제가 한 명 더 있는데 바로 삽살개 만만이에요. 엄마 아빠까지 하면 총 5명의 식구네요. 만만이는 강아지라 멍멍 짖고는 해요. 여름이면 문을 열어 두는 집이 많다 보니 다른 집까지 들리나 봐요. 그래서 종종 경비실 전화를 받곤 하죠.

그렇게 더운 여름, 아빠와 엄마는 시원한 계곡에 가자고 해요. 101동 주민들과 함께 계곡에 가서 물놀이도 하고 맛있는 수박도 먹어요. 그런데 이게 웬일이죠? 수박을 먹고 있는 사람들 눈에 물뱀이 보이는 거예요!

동만이가 물속에서 놀고 있는데 물뱀이 나타나니 모두들 당황하고 말았어요. 그러던 중! 텐트에 묶어 둔 만만이가 움직이려고 애를 써요. 그러나 아무리 애를 써도 끈은 풀리지 않아요. 자, 물속에 있는 동만이, 그리고 물뱀은 어떻게 되었을까요?

이 책은 《병만이와 동만이 그리고 만만이》 시리즈 15권 중 8번째 책이에요. 15권 모두가 이 가족의 이야기인데요. 여러분이 매일 경험할 법한 일들이 이어져 있어 무척 재밌게 읽을 수 있어요. 15권을 다 읽으면 하나의 커다란 이야기가 되니, 이 책이 재미있다면 1권부터 읽어 보기로 해요!

책 속으로

Q1. 병만이네 집에 경비실에서 전화가 오는 이유는 무엇인가요?

Q2. 계곡에 갔는데 사람들이 수군거린 이유는 무엇인가요?

Q3. 계곡에서 수박을 먹고 있을 때 일어난 일은 무엇인가요?

Q4. 만만이가 해낸 일은 무엇인가요?

Q5. 만만이를 위해 아빠가 결정한 일은 무엇인가요?

오늘 만날 어휘

1. 반달눈
뜻 반달 모양의 눈, 또는 웃을 때 눈 모양을 이르는 말   문장 우리 엄마 웃을 때 반달눈이 좋다.

2. 물벼락
뜻 갑자기 세차게 맞게 되는 물   문장 수영장에선 물벼락 맞아도 재밌고 좋다.

3. 단독
뜻 단 한 사람, 단 하나   문장 우리 가족은 단독 주택에 산다.

그림으로 생각하기

가장 재미있었던 장면을 그려 보세요.

글 쓰며 생각하기

계곡에서 노는데 뱀이 나타나면 놀랄 수밖에 없을 거예요. 만약 여러분 앞에 뱀이 나타난다면 어떻게 물리칠지 상상해서 써 보세요.

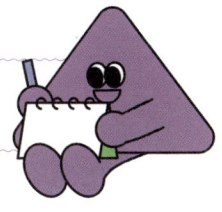

책 속으로 정답   Q1. 강아지가 짖어서   Q2. 강아지를 데리고 와서   Q3. 뱀이 나타나 동만이 쪽으로 갔다.
Q4. 뱀을 잡고 동만이를 구했다.   Q5. 단독 주택으로 이사 가기로 한 것

두고 보자! 커다란 나무
사노 요코 글·그림 | 시공주니어

읽은 날
월   일

재미 별점
☆☆☆

책 만나기

집 앞에 나무가 한 그루 있습니다. 나무 곁에는 새가 와서 노래를 불러 가끔 새똥이 떨어지기도 합니다. 나무 그늘 때문에 빨래가 마르지 않기도 하고요. 벌레가 떨어져서 화가 나기도 해요. 열매가 열린 후 아이들이 와서 귀찮기도 합니다. 나뭇잎이 떨어지면 또 치워야 해요. 나무가 있으니 할 일이 정말 많아요. 그래서일까요? 이 나무가 있는 집에 사는 아저씨는 '두고 보자'라는 말을 참 자주 했어요. 나무가 성가시게 느껴질 때마다 말이지요. 그렇게 늘 귀찮아하던 어느 날, 아저씨는 나무를 베어 버리고 말아요. 자, 그날부터 아저씨는 행복했을까요? 넓은 마당에 있던 나무가 사라지고 나니 무언가 이상했어요. 그물 침대를 매달 수도 없고요. 열매를 거둘 수도 없었어요. 낙엽을 태워서 고구마를 구워 먹는 일도 더 이상 할 수 없었지요. '두고 보자'라는 말을 자주 하던 아저씨는 이제 '쯧'이라는 말을 하게 되었어요. 그렇게 하루하루 보내던 아저씨는 과연 어떻게 되었을까요?

이 책은 우리 곁에 있는 것의 소중함을 이야기하고 있어요. 곁에 있으면 사실 좀 귀찮기는 하지만, 생각해 보면 소중한 것이 참 많아요. 이 동화책을 읽고 여러분도 여러분 곁의 소중한 것들을 떠올려 보세요.

책 속으로

Q1. 나무가 성가시게 느껴질 때마다 아저씨는 뭐라고 했나요?

Q2. 나무가 너무 싫어지자 결국 아저씨는 어떻게 했나요?

Q3. 아저씨가 봄이 온 것을 몰랐던 이유는 무엇인가요?

Q4. 우체부는 나무가 없으니 무엇이 불편하다고 했나요?

Q5. 해가 바뀌고 나무가 있던 자리에 싹이 나자 아저씨는 어떻게 했나요?

76

오늘 만날 어휘

1. 아름드리
뜻 둘레가 한아름이 넘는 것
문장 우리 할머니 동네에 아름드리 나무가 있다.

2. 성가시다
뜻 자꾸 곁에서 귀찮게 하다.
문장 동생이 놀자면서 성가시게 굴었다.

3. 그루터기
뜻 나무나 풀을 베고 남은 아랫동이
문장 나무를 베고 그루터기만 남았다.

그림으로 생각하기
마음에 가장 많이 남은 장면을 그려 보세요.

글 쓰며 생각하기
내 곁에 항상 있어서 소중함을 잊고 있는 것이 있다면 무엇인지 떠올려 보세요. 그리고 그것이 나에게 왜 소중한지, 앞으로 함께 무엇을 하고 싶은지 써 보세요.

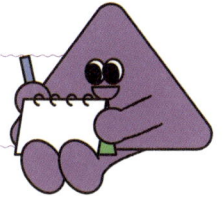

책 속으로 정답 Q1. 어디 두고 보자! Q2. 베어 버렸다. Q3. 나무가 꽃을 피우지 않아서 Q4. 위치를 알 수 없는 것
Q5. 열심히 가꾸었다.

캡슐 마녀의 수리수리 약국

김소민 글
소윤경 그림 | 비룡소

읽은 날
월   일

재미 별점

책 만나기

동동이와 묘묘는 아빠와 함께 살아요. 엄마는 안 계시거든요. 어느 날 아빠 약국에 간 동동이는 아빠가 아니라 캡슐 마녀를 만나게 돼요. 캡슐 마녀가 준 캡슐을 먹고 동생 묘묘와 몸을 바꾸고 싶어 하죠. 태권도 대련을 앞두고 더 잘하는 동생이 되어 이기고 싶었거든요. 그런데, 어쩌죠? 그 캡슐을 아빠가 먹어 버린 거예요. 둘은 몸이 바뀌었고 동동이는 아빠가 되어 민숙자 씨와 데이트를 하게 돼요. 이유가 어째선지 민숙자 씨는 기분이 안 좋은 듯 가 버립니다. 그 이후 서로 몸이 바뀌어 원래대로 되었어요. 또 문제가 생겼어요. 이번에는 또 다른 사람과 몸이 바뀐 거예요. 누구로 바뀌었을까요? 이 책에는 나오지 않지만 그 사람으로 바뀐 후 어떤 일이 일어났을까요? 재미있게 상상해 보세요.

이 동화책은 쉽게 읽을 수 있으면서도 재미있는 요소가 많아서 책장이 술술 넘어가요. 동동이가 아빠 몸으로 바뀌어 몸을 탐색하며 놀라는 장면도 재미있고요. 무엇보다 민숙자 씨와 데이트하는 장면에서는 웃음이 킥킥 나올 거예요. 하지만 민숙자 씨와는 생각지 못한 관계가 되는데 그 또한 읽는 재미를 더해 줍니다.

책 속으로

Q1. 동동이는 동생 묘묘보다 튼튼해지려고 어떻게 하고 있나요?

Q2. 묘묘와 영혼을 바꾸고 싶었던 동동이, 그런데 왜 아빠로 바뀌었나요?

Q3. 아빠로 변신하여 민숙자 씨와 데이트를 한 동동이, 매운 것을 먹고 싶다고 하자 무엇을 먹었나요?

Q4. 아빠와 민숙자 씨가 결혼을 했어요. 동동이는 새엄마에게 안기며 어떤 냄새가 난다고 했나요?

Q5. 동동이가 시도한 두 번째 영혼 바꾸기는 어떻게 되었나요?

오늘 만날 어휘

1. 대련
뜻 태권도나 유도 등에서 기본형을 익힌 뒤 두 사람이 공격과 방어의 기술을 연습하는 것
문장 태권도 대련에서 이기고 싶다.

2. 우악스럽다
뜻 보기에 미련하고 험상궂은 데가 있다.
문장 밥을 너무 허겁지겁 먹으니 엄마가 우악스럽다고 했다.

3. 넘실대다
뜻 물결 따위가 자꾸 부드럽게 굽이쳐 움직이다.
문장 우리 반 좋아하는 여자 아이를 보니 내 마음이 넘실댄다.

그림으로 생각하기
가장 재미있었던 장면을 그려 보세요.

글 쓰며 생각하기
만약 여러분이 캡슐을 한 알 먹고 다른 사람과 영혼이 바뀐다면 누구의 몸으로 변신하고 싶나요? 그 사람으로 변신한 하루를 상상해서 써 보세요.

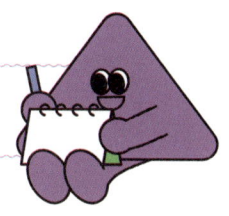

책 속으로 정답 Q1. 채소도 잘 먹고 운동도 열심히 한다. Q2. 파란 캡슐을 아빠가 먹어 버려서 Q3. 떡볶이
Q4. 보약 비누 냄새 Q5. 새엄마가 먹고 묘묘와 바뀌었다.

우당탕탕 야옹이와 금빛 마법사
구도 노리코 글·그림 | 책읽는곰

읽은 날
월   일

재미 별점

책 만나기

여덟 마리의 야옹이들은 여행을 즐겨요. 유명한 식당을 찾아 맛있는 음식을 먹지요. 이번 여행에서도 맛있는 음식을 찾아 먹다 그만 돈이 떨어지고 말아요. 그러다 맛있는 냄새에 이끌려 어느 저택에 들어가고 거기서 금빛 마법사를 만나죠. 마법사는 요리를 해 놓으라고 하고 밖으로 나갑니다. 그러다 야옹이들이 엄청난 비밀을 알게 되는데요. 바로 금빛 마법사가 쥐 나라의 아이들을 다 잡아간 거였어요. 식인귀에게 주려고 말이에요. 이 사실을 알게 된 야옹이들은 매우 분주해져요. 우선 저택에서 탈출부터 하기 위해 노력하지요. 야옹이들은 탈출을 할 수 있었을까요? 아이들을 모두 잃었던 쥐 나라에는 어떤 변화가 생겼을까요?

이 이야기는 야옹이들의 세상 구경을 따라가며 경쾌하게 시작되다가 점점 긴박한 상황으로 흘러가는 것이 매력이에요. 식인귀라는 존재가 등장하지만, 전혀 무섭지 않고 오히려 흥미진진해요. 야옹이들의 모험을 따라가며 함께 즐겨 보세요. 어느새 책 한 권을 뚝딱 읽어 내는 힘도 기를 수 있을 거예요.

책 속으로

Q1. 야옹이들이 여행의 즐거움으로 여기는 것은 무엇인가요?

Q2. 쥐 나라에 도착하자 왜 모두들 슬퍼하고 있었나요?

Q3. 저택의 마법 냄비가 야옹이들에게 알려 준 비밀은 무엇인가요?

Q4. 금빛 마법사의 정체는 무엇이었나요?

Q5. 아이들 쥐가 모두 돌아온 후 쥐 나라 임금님은 금화로 도구를 사서 무엇을 했나요?

오늘 만날 어휘

1. 저택
뜻 규모가 아주 큰 집
문장 그 신사는 대저택에 사는 부자였다.

2. 실마리
뜻 일이나 사건을 풀어 나갈 수 있는 첫머리
문장 사건의 실마리를 찾아야 해결할 수 있다.

3. 황무지
뜻 손을 대어 거두지 않고 내버려 두어 거친 땅
문장 황무지를 가꾸었더니 좋은 땅이 되었다.

그림으로 생각하기
가장 재미있었던 장면을 그려 보세요.

글 쓰며 생각하기
남을 위해 무언가 도움을 준 경험을 떠올려 보세요. 어떤 일이었는지, 왜 도와주었는지, 결과 혹은 마음은 어땠는지 써 보세요.

책 속으로 정답 Q1. 가는 곳마다 가장 이름난 생선 요리를 먹는 것   Q2. 아이들이 모두 사라져서
Q3. 마법사가 요리사와 아이들을 삶아 식인귀에게 먹인다.   Q4. 큰 금빛 뱀   Q5. 곡식과 씨앗을 거두어들이게 했다.

내 짝꿍 최영대

채인선 글
정순희 그림 | 재미마주

읽은 날
월 일

재미 별점
☆☆☆

책 만나기

영대라는 아이가 전학을 왔어요. 옷도 머리도 꾀죄죄하고 말도 없어요. 게다가 친구들이 뭐라고 해도 반응이 없어요. 친구들은 점점 영대를 놀리기 시작했어요. 먼저 괴롭혀 놓고 선생님께 이르기도 하고요. 남자 아이들은 영대를 벽에 세워 두고 때리기도 했어요. 그러다 경주로 단체 여행을 가게 되었는데 아이들은 영대와 같이 가는 것이 못마땅했어요. 하루 종일 경주를 견학한 후, 저녁 숙소에서 모두 잠이 들려고 할 때였어요. 한 아이의 '엄마 없는 바보'라는 말에 영대가 갑자기 꺼이꺼이 울고 말았어요. 그 소리에 놀란 아이들과 선생님이 영대를 달래다가 다 같이 울고 말았어요. 그리고 다음 날 버스 안에서 아이들은 영대 옷에 기념 배지를 달아 주었어요. 다시 학교생활이 시작되고, 아이들이 달라졌어요. 영대를 챙겨 주기 시작한 거예요. 말을 하지 않는 영대에게 말도 가르쳐 주었지요.

이 책은 좀 오래전에 쓰인 동화예요. 하지만 요즘 어린이들도 읽어 보며 친구를 괴롭히면 안 되는 이유, 아픔이 있는 친구와 지내는 법에 대해 생각해 볼 수 있어요. 읽고 나서 친구란 어떤 존재여야 하는지 생각해 볼 수 있기를 바라요.

책 속으로

Q1. 아이들이 전학 온 영대를 놀린 이유는 무엇인가요?

Q2. 영대가 갑자기 말을 안 하게 된 것은 어떤 사건 때문인가요?

Q3. 영대를 불쌍히 여기는 아이들도 영대를 도와주지 못한 이유는 무엇인가요?

Q4. 경주 여행에서 자려고 누운 밤, 영대가 갑자기 운 이유는 무엇인가요?

Q5. 경주 여행 사건 이후 아이들이 영대에게 무엇을 가르쳤나요?

오늘 만날 어휘

1. 해어지다
뜻 닳아서 떨어지다.
문장 옷을 오래 입었더니 소매가 해어졌다.

2. 죄다
뜻 전부 다
문장 오늘 따라 친구들이 죄다 떠들어서 시끄러웠다.

3. 구령
뜻 여러 사람이 같은 동작을 하도록 한 사람이 외치는 것
문장 우리는 구령에 맞추어 체조를 했다.

그림으로 생각하기
마음에 가장 많이 남은 장면을 그려 보세요.

글 쓰며 생각하기
친구를 놀리거나 때리면 안 되는 이유를 써 보세요. 여러분이 직접 본 일을 먼저 쓰고 이유를 2~3개 정도 쓰면 좋아요.

책 속으로 정답 Q1. 조용하고 꾀죄죄하며 느린데다 놀려도 가만히 있어서   Q2. 엄마가 돌아가신 사건
Q3. 남자 아이들이 사납게 굴어서   Q4. 엄마 없는 바보라고 해서   Q5. 말하는 법

컵 고양이 후루룩
보린 글
한지선 그림 | 낮은산

읽은 날
월   일

재미 별점
☆☆☆

책 만나기

한 아이가 있어요. 소녀는 이모하고 살지요. 이모는 일을 하느라 바빠요. 홀로 있어 외로운 아이는 이모 몰래 편의점에서 컵라면을 사다 먹어요. 혼자 있는 시간에는 컴퓨터만 하고요. 그러던 어느 날 편의점에 갔다가 이상한 자판기를 봤어요. 그 자판기에서 컵을 꺼내 집으로 왔는데, 그 안에서 고양이가 나왔어요. 작고 사랑스러운 고양이를 만난 아이는 먹을 것을 주고 품에 안아 주었죠.

퇴근한 이모가 온 후에도 몰래 품에 품고 있었는데, 고양이가 이상한 거예요. 시들시들하고 힘이 없어졌어요. 그제야 컵을 보니 먹을 것을 주면 안 된다고 쓰여 있었어요. 게다가 원래 24시간만 살아있는 고양이었죠. 아이는 슬펐어요. 24시간이 지나면 처리하기 쉽도록 굳는다는 컵의 문구를 보며 더 가슴 아파했어요.

자판기에서 나오는 24시간 생존하는 고양이, 그리고 이모와 사는 아이의 모습이 참 외롭고 슬퍼 보여요. 이 책을 읽고 아이의 마음을 느껴보면 어떨까요? 자판기에서 쉽게 생명을 사는 것에 대해서도요.

책 속으로

Q1. 아이가 일주일에 서너 번씩 편의점에 가는 이유는 무엇인가요?

Q2. 이모가 없을 때 아이는 주로 무엇을 하나요?

Q3. 편의점에 갔다가 사 온 컵 안에서 무엇이 나왔나요?

Q4. 컵 고양이에게 먹을 것을 주고 난 이후 컵 고양이는 어떻게 되있나요?

Q5. 컵에 쓰인 컵 고양이의 가격은 얼마인가요?

오늘 만날 어휘

1. 대꾸
뜻 말대꾸(말에 대답하는 것)의 준말
문장 엄마가 말하면 대꾸를 잘 해야 한다.

2. 천연스럽다
뜻 생긴 그대로 조금도 거짓이나 꾸밈이 없고 자연스러운 느낌이 있다.
문장 거짓말을 해 놓고 천연스럽게 모른 체 하는 내 동생이 밉다.

3. 심드렁하다
뜻 관심이 없고 마음에 차지 않는다.
문장 친구들과 노는 일이 심드렁해지면 집으로 온다.

그림으로 생각하기
마음에 가장 많이 남은 장면을 그려 보세요.

글 쓰면 생각하기
자판기에서 반려동물을 파는 것에 대한 여러분의 생각을 써 보세요. 이유를 자세히 쓰면 더 좋아요.

책 속으로 정답   Q1. 컵라면을 사려고   Q2. 컴퓨터   Q3. 고양이   Q4. 힘을 잃고 죽었다.   Q5. 300일 치 외로움

해든 분식

동지아 글
윤정주 그림 | 문학동네

책 만나기

정인이는 해든 분식 둘째 딸이에요. 어느 날 우산을 잃어버린 정인이는 같은 반 친구 준찬이가 범인일 거라고 의심해요. 그래서 우산을 펼치면 자기가 제일 싫어하는 것으로 변할 거라고 외치죠. 그런데 이런, 그 주문에 정인이가 걸려들었어요. 바로, 닭강정이 되어 버린 거예요. 엄마가 자신의 생일에 닭강정만 잔뜩 해 주어서 그 닭강정이 너무도 싫었거든요.

정인이는 닭강정이 되어 분식집에 덩그러니 놓이게 되었어요. 그러다 분식집에 온 준찬이 마음도 알게 되고, 자신을 주려고 마지막 닭강정인 자신을 팔지 않는 엄마의 이야기도 듣게 돼요. 영원히 닭강정으로 있게 될까 봐 걱정하면서도 현실을 재미있게 받아들이려고 노력하는 정인이의 모습이 참으로 사랑스러운 이야기예요. 과연 정인이는 다시 사람으로 돌아올 수 있을까요? 결말을 상상하며 읽어 보세요.

이 책은 등장인물들이 참 사랑스러워요. 정인이도 언니도 엄마도 말이에요. 정인이가 미워했던 준찬이까지도요. 우리는 살다 보면 때론 짜증스러운 현실을 마주하고, 또 어쩌면 바꿀 수 없는 슬픔을 마주할 수도 있어요. 그럴 때마다 귀여운 정인이를 생각한다면 다시 힘을 낼 수 있지 않을까 해요.

책 속으로

Q1. 정인이 별명이 닭강정인 이유는 무엇인가요?

Q2. 정인이가 우산에 건 저주는 무엇인가요?

Q3. 해든 분식의 분식이 싫다고 하자 엄마가 정인이 생일에 마련한 음식은 무엇인가요?

Q4. 준찬이는 해든 분식에 무엇을 가지고 왔나요?

Q5. 엄마가 마지막 닭강정을 팔지 않은 이유는 무엇인가요?

오늘 만날 어휘

1. 등지다
- 뜻 등 뒤에 두다.
- 문장 짝을 **등지고** 앉아 각자 생각하라고 선생님이 말씀하셨다.

2. 배웅
- 뜻 떠나가는 손님을 따라 나가 작별하여 보냄
- 문장 우리 집에서 놀다 가는 수정이를 **배웅**하고 왔다.

3. 호들갑
- 뜻 경망스럽게 야단을 피우는 말이나 행동
- 문장 첫눈을 보고 나도 모르게 **호들갑**을 떨었다.

그림으로 생각하기
마음에 가장 많이 남은 장면을 그려 보세요.

글 쓰며 생각하기
나와 엄마, 혹은 가족이 서로를 사랑하고 위한다고 느꼈던 경험을 일기처럼 써 보세요. 언제 있었던 일인지, 그 일로 서로 어떤 마음을 느꼈는지 말이에요. 해든 분식 이야기처럼 동화처럼 써도 좋아요.

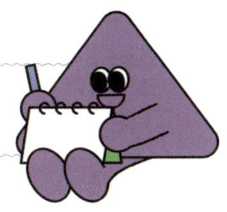

책 속으로 정답 Q1. 이름이 강정인이라서 Q2. 우산을 펴면 가장 싫어하는 것으로 변한다. Q3. 여러 닭강정들
Q4. 우산 선물 Q5. 정인이에게 주려고

언제나 칭찬

류호선 글
박정섭 그림 | 사계절

읽은 날
　월　　일

재미 별점
☆☆☆

책 만나기

어느 날 선생님이 숙제를 내 주었어요. 바로 칭찬을 받아 오라는 숙제였지요. 주인공 토리는 칭찬을 받기 위해서 애를 썼어요. 그런데 이런! 칭찬 받기에는 조금 어려운 행동을 하는 거예요. 그리고는 할머니의 칭찬을 받기 위해 조르기까지 해요. 토리를 아끼는 할머니는 밥 먹기 전에 과자부터 먹는 것, 휴대전화를 보면서 밥 먹는 것까지 모두 칭찬을 하기 시작해요. 토리의 이상한 글씨체까지도요. 그러다 엄마가 이 사실을 알게 되었어요. 토리가 받은 칭찬 내용을 본 엄마는 화가 났어요. 평소에도 마음에 들지 않는 행동이 많은데 이렇게 이상한 칭찬을 받았으니까요. 토리는 과연 어떻게 되었을까요?

여러분은 칭찬을 좋아하나요? 칭찬을 받으면 어떤 기분이 드나요? 그리고 칭찬이 좋을 때도 있지만 부담스러울 때도 있을 텐데 언제인가요? 어떤 칭찬이 진심 어린 칭찬일까요? 책을 읽으며 칭찬에 대해서 생각해 보면 좋겠어요.

책 속으로

Q1. 선생님이 내 주신 숙제는 무엇인가요?

Q2. 토리가 첫 번째로 받은 칭찬은 무엇인가요?

Q3. 할머니에게 받은 칭찬들을 엄마에게 보여 드리자 어떻게 하셨나요?

Q4. 할머니가 토리 편을 들어주자 토리가 할머니께 미안했던 이유는 무엇인가요?

Q5. 할머니가 마지막으로 한 칭찬은 무엇인가요?

오늘 만날 어휘

1. 부리나케
- 뜻: 서둘러서 아주 급하게
- 문장: 내가 아프다고 하자 엄마가 **부리나케** 달려오셨다.

2. 밥심
- 뜻: 밥을 먹고 나서 생긴 힘
- 문장: 우리나라 사람은 **밥심**으로 산다.

3. 윽박지르다
- 뜻: 심하게 짓눌러 기를 꺾다.
- 문장: 어떤 아이가 친구를 **윽박지르는** 걸 보고 말렸다.

그림으로 생각하기
가장 재미있었던 장면을 그려 보세요.

글 쓰며 생각하기
칭찬은 꼭 필요할까요? 필요하지 않을까요? 주장을 쓰고 그렇게 생각하는 이유도 써 보세요.
만약 여러분 주장의 문제점이 있다면 그 문제점과 해결 방법도 써 보세요.

책 속으로 정답 Q1. 칭찬 받기 Q2. 밥 먹기 전에 과자부터 먹는 것 Q3. 다 지우라고 했다. Q4. 무작정 칭찬해 달라고 해서
Q5. 할머니를 위해 주는 것

아씨방 일곱 동무
이영경 글·그림 | 비룡소

읽은 날
월 일

재미 별점
☆☆☆

책 만나기

《규중칠우쟁론기》라는 우리 옛 소설이 있어요. 옷을 지을 때 필요한 일곱 개의 물건들이 서로 자신이 잘났다며 싸운다는 이야기랍니다. 이 소설이 쓰인 당시에는 남성 중심의 사회였기 때문에 여성들이 자신을 드러내기가 쉽지 않았는데요. 이 소설에 등장하는 인물은 모두 여성이고 이들이 자신이 얼마나 중요한지 이야기하며 싸운다는 점을 보아 자신을 드러내고 싶은 여성의 마음을 표현한 것이 아닌가 해요.

우리가 읽을 《아씨방 일곱 동무》는 바로 이 소설을 동화로 만든 책이에요. 동화책을 보면 서로 투닥거리며 싸우는 일곱 여인이 등장하는데요. 이는 자, 가위, 바늘 등 옷을 지을 때 필요한 물건이랍니다. 물건이 사람으로 의인화가 된 거지요. 일곱 여인은 옷을 만들 때 자신이 가장 중요한 역할을 한다며 싸워요. 이 책을 읽으면서 옛날 옷을 직접 만들어 입던 시대에는 이들이 얼마나 중요했을지, 옷을 지을 때 어떤 물건이 필요했는지 잘 살펴보세요.

책 속으로

Q1. 빨강 두건 아씨의 일곱 동무들은 뭐라고 하며 싸웠나요?

Q2. 아씨방의 일곱 동무는 자, 가위, 바늘, 실, 골무, 인두, 그리고 (   )예요.

Q3. 일곱 동무는 무엇을 할 때 쓰이는 물건인가요?

Q4. 일곱 동무의 다투는 소리에 일어난 아씨는 무엇이 가장 중요하다고 했나요?

Q5. 자기만 잘났다고 싸우다가 모두 반성을 한 후에 어떻게 달라졌나요?

오늘 만날 어휘

1. 공로
뜻 어떤 일을 이루는 데 들이는 노력과 수고
문장 아빠는 회사 발전에 큰 공로를 세웠다.

2. 가소롭다
뜻 같잖아서 우스운 데가 있다.
문장 내 동생이 날 이길 수 있다는 말이 가소로웠다.

3. 맵시
뜻 아름답고 보기 좋은 모양새
문장 옷을 잘 입어 맵시가 좋은 친구가 부럽다.

그림으로 생각하기

일곱 동무를 그려 보세요. 가장 자신 있는 것 한두 개만 그려도 좋아요.

글 쓰며 생각하기

다섯 손가락이 서로 자기가 잘났다고 말하고 있어요. 하지만 손가락은 각각 모두 소중하죠. 엄지, 검지, 중지, 약지, 새끼손가락이 각자 자기 자랑을 한다고 상상하고 이야기를 써 보세요. 나중에는 모두의 소중함을 깨닫는 이야기로 마치면 좋아요.

다섯 손가락이 서로 잘난 체를 하며 싸우고 있었어요. 엄지가 먼저 말했어요.

책 속으로 정답 Q1. 자기가 가장 잘났다. Q2. 다리미 Q3. 바느질 Q4. 자기 몸 Q5. 더 신나게 일했다.

쿵푸 아니고 똥푸

차영아 글
한지선 그림 | 문학동네

읽은 날
월 일

재미 별점
☆☆☆

책 만나기

이 동화책은 세 가지 이야기가 담긴 단편 동화책이에요. 세 이야기가 참으로 사랑스럽고 아름다운데요. 첫 번째 이야기 《쿵푸 아니고 똥푸》에 등장하는 '탄이', 《오, 미지의 택배》에 등장하는 '미지', 《라면 한 줄》에 등장하는 생쥐 '라면 한 줄' 모두 약하지만 세상을 향해 나아가려고 애쓰는 사랑스럽고 예쁜 존재들이에요. 탄이는 똥푸맨을 만나서 무술을 배워 씩씩해지고요. 사랑하는 강아지를 떠나보낸 미지는 택배로 온 운동화를 신고 강아지를 만나고 와서, 존재들을 사랑하려고 애써요. 그런가 하면 엄마와 라면 한 줄로 버티던 생쥐 라면 한 줄은 고양이 목에 방울을 달려다가 위기에 처한 고양이를 구해 주고는 먹고 싶던 삼겹살을 먹게 되죠.

누구나 그렇듯 이 작고 사랑스러운 존재들도 모두 아픔이 있어요. 하지만 현실을 긍정하기 위해 애쓰고, 경쾌하게 살아가는 법을 배우며, 더불어 남을 사랑하는 법까지 익혀 가요. 여러분이 이 책을 읽고 삶을 사랑하는 법을 배우면 참 좋겠어요. 어떤 위기가 와도 자신을 소중히 여기는 법도요.

책 속으로

Q1. 《쿵푸 아니고 똥푸》 탄이가 친구들이 자길 보는 것을 싫어하는 이유는 무엇인가요?

Q2. 《쿵푸 아니고 똥푸》 똥푸맨의 도움으로 탄이 엄마는 어디에 갈 수 있었나요?

Q3. 《오, 미지의 택배》 택배로 온 운동화를 신자 미지에게 어떤 일이 일어났나요?

Q4. 《오, 미지의 택배》 봉자를 만나고 온 미지는 만나는 존재들에게 뭐라고 했나요?

Q5. 《라면 한 줄》 라면 한 줄의 엄마가 들려준 자장가는 어떤 뜻이었나요?

오늘 만날 어휘

1. 권법
뜻 정신 수양과 신체 단련을 위하여 주먹을 놀리어서 하는 운동
문장 악당을 물리치려면 권법을 익혀야 한다.

2. 악독하다
뜻 마음이 악하고 독하다.
문장 나를 맨날 때리는 내 동생이 참 악독하다.

3. 의기양양
뜻 뜻한 바를 이루어 만족한 마음이 얼굴에 나타난 모양
문장 영어 시험을 잘 봐서 의기양양하게 집으로 갔다.

그림으로 생각하기

세 편의 동화 중 가장 마음에 드는 동화의 한 장면을 그려 보세요.

글 쓰며 생각하기

여러분이 생각하는 이 세상의 사랑해야 하는 것들은 무엇이 있나요? 그리고 왜 사랑해야 한다고 생각하나요? 생각을 써 보세요.

책 속으로 정답 Q1. 얼굴이 까매서 Q2. 고향 필리핀 Q3. 하늘나라에 간 봉자를 만나게 되었다. Q4. 사랑해.
Q5. 사랑이 항상 이긴다.

누구를 보낼까요

이형래 글
이철형 그림 | 국수

읽은 날
월   일

재미 별점
☆ ☆ ☆

책 만나기

동물과 식물이 어우러져 사는 숲이 있어요. 그런데 이 숲에 문제가 생겼어요. 칡넝쿨이 너무 많아져 숲의 나무가 죽어가고 있는 거지요. 동물들은 회의를 했습니다. 비버가 먼저 나서서 자신이 조금씩 넝쿨을 잘라 내겠다고 했어요. 그랬더니 다른 친구들도 자신이 할 수 있는 일을 말하며 돕겠다고 했지요. 그렇게 문제는 잘 해결되었어요.

그런데 어느 날 별나라 우주선이 왔어요. 별나라가 탄생한 것을 기념하여 지구의 친구를 초대하고 싶다는 초대장을 들고 말이에요. 동물들은 또 회의를 했어요. 거북 할아버지부터 각자 자신의 장점을 이야기하며 자신이 가겠다고 했지요. 동물들은 그저 운수에 맡겨 뽑는 것은 좋지 않다는 생각에 투표를 하기로 결정했습니다. 돌에 세 후보의 이름을 적어 넣고 각자 뽑고 싶은 사람에게 표를 주었지요. 그 결과! 거북 할아버지가 뽑혔습니다. 거북 할아버지는 오래 살아서 지구를 잘 알고 있지요. 그렇게 거북 할아버지는 별나라에 갔고 모두들 할아버지를 기다렸어요.

동물이 사는 숲은 여러분이 사는 하나의 공동체와 같아요. 함께하다 보면 문제도 생기고, 그 문제를 해결해야 하지요. 동물들이 문제를 해결해 가는 과정을 통해 어떻게 해야 공동체가 잘 지낼 수 있는지 생각해 보세요.

책 속으로

Q1. 숲에 갈수록 칡넝쿨이 많아지면서 어떤 걱정거리가 생겼나요?

Q2. 회의를 하던 중 비버, 반달가슴곰, 수달은 어떤 의견을 냈나요?

Q3. 별나라 우주선이 들고 온 초대장은 무슨 내용이었나요?

Q4. 별나라에 갈 친구를 어떤 방법으로 뽑기로 했나요?

Q5. 투표로 뽑힌 거북 할아버지의 장점은 무엇인가요?

오늘 만날 어휘

1. 대견하다
- 뜻: 흐뭇하고 자랑스럽다.
- 문장: 아빠는 스스로 숙제하는 내가 대견하다고 하셨다.

2. 제안
- 뜻: 의견을 내 놓는 것
- 문장: 저녁은 외식하고 싶다고 제안했다.

3. 운수
- 뜻: 사람에게 정해진 운명의 좋고 나쁨
- 문장: 비를 홀딱 맞아 운수가 나쁘다고 생각했다.

그림으로 생각하기

가장 재미있었던 장면을 그려 보세요.

글 쓰며 생각하기

여러분이 다니는 학교에서는 어떤 문제가 생기나요? 그 문제를 해결하기 위해서 어떻게 하면 좋을지 써 보세요. 누가, 어떻게, 무엇을 해야 하는지 구체적으로 생각하다 보면 좋은 방법이 떠오를 거예요.

책 속으로 정답 Q1. 숲의 나무들이 죽어가고 있었다.   Q2. 자신들이 조금씩 힘을 보태 해결해 보겠다.
Q3. 지구를 대표하는 친구를 보내 달라   Q4. 투표   Q5. 나이가 많아 지구에 대해 잘 알고 있다.

자석 총각 끌리스

임정진 글
김준영 그림 | 해와나무

읽은 날
월   일

재미 별점

책 만나기

철나라가 있어요. 이 나라 사람들은 몸의 일부분이 철이에요. 그런데 이 나라에 신기한 생명체가 태어나요. 바로 끌리스와 끌라라인데요. 둘은 모두 갈비뼈가 자석이에요. 그러다 보니 철나라 사람들이 와서 달라붙거나 온갖 철이 달라붙는 불편함을 겪어요. 이렇게 같은 조건을 가지고 태어난 둘의 생활은 완전히 달라지는데요.

우선 끌리스의 부모님은 끌리스에게 고무 조끼를 입게 해서 위험으로부터 보호해요. 그리고 다른 친구들처럼 친구들과 신나게 놀지요. 하지만 끌라라 부모님은 달랐어요. 위험하다며 아무 데도 못 나가게 했어요. 학교에 잠시 갔을 때도 피라미드 안에 들어가게 했지요. 끌라라는 점점 더 외로워지고 슬퍼졌어요. 그러다 둘이 만날 일이 생기게 되고, 둘의 운명은 다시 한 번 바뀐답니다. 이후에는 어떻게 되었을까요? 같은 조건을 가지고 태어났지만 부모님이 어떻게 하시느냐에 따라 달라진 둘의 운명을 보면 여러분도 많은 생각을 하게 될 거예요. 어떤 것이 아이를 위하는 일인지, 또 자기 스스로 자기를 아끼는 방법은 무엇인지 말이에요. 책을 읽고 여러분의 독특함, 장점도 떠올려 보세요. 그걸 어떻게 받아들일지도요!

책 속으로

Q1. 끌리스와 끌라라의 특별한 점은 무엇인가요?

Q2. 끌리스는 자석이 달라붙는 것을 막기 위해 무엇을 입었나요?

Q3. 끌라라가 밖에 잘 나가지 못한 이유는 무엇인가요?

Q4. 끌리스는 어떤 일을 하며 살게 되었나요?

Q5. 끌라라를 만난 끌리스, 두 사람은 어떤 결말을 맞게 되었나요?

오늘 만날 어휘

1. 체질
뜻 태어날 때부터 있는 자기만의 몸의 특징
문장 나는 알레르기 체질이라 가리는 음식이 많다.

2. 구출
뜻 위험한 상태에서 구하여 내는 것
문장 불이 나서 사람을 구출했다.

3. 갈림길
뜻 여러 갈래로 갈린 길
문장 갈림길을 만나면 어디로 갈지 헷갈린다.

그림으로 생각하기
마음에 가장 많이 남은 장면을 그려 보세요.

글 쓰며 생각하기
여러분은 어떤 장점이나 특별한 점이 있나요? 그 점을 중심으로 자신을 멋지게 소개하는 글을 써 보세요.

책 속으로 정답 Q1. 자석이 갈비뼈이다. Q2. 고무 조끼 Q3. 부모님이 위험하다며 못 나가게 해서 Q4. 구조 대원
Q5. 결혼하고 아기를 낳았다.

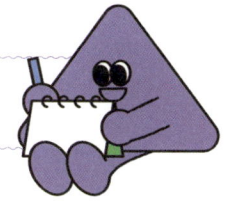

ㄱ이 사라졌다!

윤선아 글
노아 그림 | 서사원주니어

책 만나기

만약 이 세상에 ㄱ이 사라지면 어떤 일이 벌어질까요? 여러분이 알고 있는 ㄱ이 들어간 글자들을 떠올려 보세요. 다른 글자로 변신하여 세상이 어지러워질지도 몰라요. 그런데 실제로 그런 일이 생기고 말았어요. 바로 이 동화 속에서 말이지요. 어느 마을에 ㄱ이 사라지니 개미가 매미가 되고 말았어요. 놀이터에서 놀던 아이들이 놀랐고요. 강아지는 망아지가 되어 폴짝 뛰어다녔답니다. 이 모든 일을 알리려고 경찰서에 갔더니, 세상에 명찰이 되어 경찰을 만날 수 없었답니다.

이 모든 일은 마법 학교 때문에 일어났어요. 이 책에 나오는 연이와 필이, 그리고 고기동은 마법 학교에 다녀요. 선생님이 알려 주시는 주문으로 마법을 부리면 ㄱ이 사라지기도 하고 다시 돌아오기도 한답니다. 마법 학교에 간 연이와 필이는 ㄱ이 사라져서 생긴 일을 해결하기 위해 노력해요. 그리고 그 옆에 따라다니는 막내 지우 또한 마법 학교에 다니게 되었는데요. 책을 다 읽고 나면 다음에 또 어떤 일이 벌어지게 될지 기대되는 재밌는 동화입니다.

이 책을 읽으며 우리 곁의 글자들이 사라지면 어떻게 될지 상상해 보세요. 우리 글자가 얼마나 소중한지 깨닫게 될지도 몰라요!

책 속으로

Q1. 강아지가 망아지가 되고 가위가 바위가 된 이유는 무엇인가요?

Q2. ㄱ이 사라졌지만 경찰도 도와줄 수 없었던 이유는 무엇인가요?

Q3. 고기동의 마법으로 고기동 얼굴이 어떻게 되었나요?

Q4. 고기동네 고깃집의 오이는 어떻게 다시 고기가 되었나요?

Q5. 엄마 아빠가 지우 주머니에 넣어 준 것은 무엇이었나요?

오늘 만날 어휘

1. 열렬히
뜻 어떤 것에 대한 마음이나 태도가 무척 강하게
문장 우리 아빠는 야구 볼 때 열렬히 응원한다.

2. 구시렁거리다
뜻 무언가 못마땅하여 혼자서 계속 중얼거리는 것
문장 숙제가 하기 싫어 구시렁거렸다.

3. 탄성
뜻 놀라거나 감탄해서 저절로 나오는 소리
문장 폭죽이 터지자 사람들이 탄성을 질렀다.

그림으로 생각하기

ㄱ이 사라지는 바람에 변한 것 중 한 가지를 그려 보세요.

글 쓰며 생각하기

ㄴ이 사라진 세상을 상상해 보세요. ㄴ 글자가 들어간 단어를 먼저 떠올리고, 그 단어가 어떤 단어로 변신할지 생각해 보세요. 그 후 어떤 일이 벌어질지 써 보는 거예요.

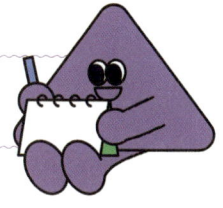

책 속으로 정답 Q1. ㄱ이 사라져서 Q2. 명찰이 되어서 Q3. 오이가 되었다. Q4. 연이와 필이가 마법을 부려서
Q5. 마법의 몽당 연필

뻥이오 뻥

김리리 글
오정택 그림 | 문학동네

읽은 날
월   일

재미 별점
☆☆☆

책 만나기

순덕이라는 아이가 있었어요. 말귀를 너무 못 알아들어서 친구가 없었지요. 삼신할머니가 순덕이를 만들 때 소리를 잘 듣도록 귓구멍에 입김을 불어 넣었어야 했는데 깜빡했거든요. 그런 순덕이가 갑자기 소리를 잘 듣게 되었어요. 얼마나 잘 듣게 되었는지 동물들 소리도 듣게 되었지 뭐예요. 동물들 사연을 다 들으며 다녔고 그걸 사람들에게 말하다 보니 이제는 사람들이 순덕이가 이상하다고 쑥덕대기 시작했어요. 하지만 삼신할머니와 같이 일하는 생쥐의 지혜로 순덕이는 인기 많은 아이가 되었다고 해요.

말귀를 잘 못 알아듣는 순덕이 이야기를 따라가다 보면 청개구리 이야기, 개와 고양이 이야기 등 옛 이야기도 알게 되는 재미가 있어요. 삼신할머니와 생쥐의 궁합도 참 재미있고요. 말귀를 못 알아듣는 모습, 너무 잘 듣게 된 모습으로 살아가는 순덕이의 일상에 웃음이 쿡쿡 나올 거예요.

책 속으로

Q1. 엄마가 소쿠리를 찾자 순덕이가 어떤 행동을 했나요?

Q2. 순덕이가 갑자기 잘 듣게 된 이유는 무엇인가요?

Q3. 귀가 너무 뚫려 버린 나머지 순덕이에게 어떤 능력이 생겼나요?

Q4. 동물들의 이야기를 듣게 된 순덕이가 더 속상해진 이유는 무엇인가요?

Q5. 순덕이가 이상한 아이가 아니라 인기 많은 아이가 된 이유는 무엇인가요?

오늘 만날 어휘

1. 비아냥거리다
뜻 얄밉게 빈정대며 놀리다.　　**문장** 내 옷이 이상하다고 친구가 비아냥거렸다.

2. 맞장구
뜻 남의 말에 덩달아 맞다고 해 주는 일　　**문장** 내가 말할 때마다 우리 엄마는 맞장구를 쳐 주신다.

3. 일손
뜻 일하는 손　　**문장** 우리 시골은 여름에 일손이 부족하다.

그림으로 생각하기

가장 재미있었던 장면을 그려 보세요.

글 쓰며 생각하기

남들이 '단점'이라고 말하는 것을 '장점'으로 바꾸면 많은 것이 달라질 수 있어요. 뻥쟁이 순덕이에서 이야기꾼 순덕이가 된 것처럼요. 여러분은 여러분의 어떤 점을 능력으로 바꾸고 싶은가요? 여러분에 대해 알려 주세요.

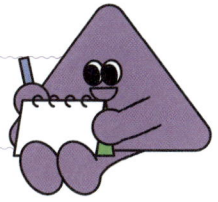

책 속으로 정답　Q1. 소꼬리를 잡아당겼다.　Q2. 뻥튀기 소리를 들어서　Q3. 동물들이 하는 말을 듣게 되었다.
　　　　　　　　Q4. 친구들이 이상하다고 해서　Q5. 자신이 들은 이야기를 옛이야기라며 들려 줘서

하늘이 딱딱했대?

신원미 글 | 애슝 그림 | 천개의바람

읽은 날
월 일

재미 별점

책 만나기

어느 날 숲속에 한 카페가 생겼어요. 투명한 유리로 된 집이었지요. 투명해서 보이지 않으니 새들에게 자꾸 사고가 났어요. 날다가 부딪쳐 땅에 떨어지고 다치고, 심지어 죽기까지 하는 거예요. 새들은 회의를 했어요. 어떻게 해결할 수 있을까 고민하며 여러 가지 방법을 시도해 보았지요. 하지만 하나같이 실패하고 말았답니다. 나뭇잎을 붙여 보아도, 날면서 딱딱한 돌을 떨어뜨려 보아도 단단한 유리를 어찌할 수 없었습니다. 그러다 마침내 좋은 방법을 생각해 냈어요. 과연 어떤 방법이었을까요?

이 지구에는 자연과 동물, 식물, 그리고 인간이 같이 살아요. 그런데 인간은 가끔 이 자연을 우리들 것이라고 생각하는 것 같아요. 이것저것 짓고, 바꾸고, 부수고, 없애거든요. 이러한 인간들 때문에 자연을 함께 공유하며 사는 동식물들이 피해를 보는 일이 벌어지고 있어요. 이 책을 읽으며 여러분이 본, 인간이 지구를 함부로 대하는 것 같은 일을 떠올려 보세요. 그리고 우리 인간이 자연을 어떻게 대해야 할지도요.

책 속으로

Q1. 어느 날 황조롱이 아저씨에게 생긴 안 좋은 일은 무엇인가요?

Q2. 다치지 않기 위해 새들이 했던 방법 중 실패한 것을 한 가지만 써 보세요.

Q3. 새들은 결국 어떻게 했나요?

Q4. 아이들이 카페를 뭐라고 불렀나요?

오늘 만날 어휘

1. 곤두박질
- 뜻: 몸이 뒤집혀 갑자기 거꾸로 내리박히는 일
- 문장: 자전거 타다 넘어져 언덕 아래로 **곤두박질**쳤다.

2. 별안간
- 뜻: 갑자기, 순식간에
- 문장: 어젯밤 꿈이 **별안간** 생각났다.

3. 어스름하다
- 뜻: 조금 어둑하다.
- 문장: **어스름한** 저녁에는 노을이 예쁘다.

그림으로 생각하기

여러분이 새라면 어떻게 해서 유리가 보이게 할지 그려 보세요.

글 쓰며 생각하기

새들이 카페의 투명 유리에 부딪치지 않을 수 있는 방법을 새롭게 생각해 보기로 해요. 잘 떠올려서 동화를 쓰듯 이야기를 써 보는 거예요. 새들이 그 문제를 통쾌하게 해결하는 것으로 이야기를 마무리하면 좋겠어요.

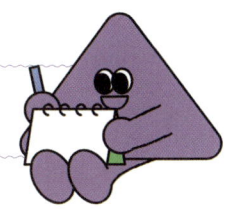

책 속으로 정답 Q1. 투명 유리에 부딪쳐 떨어졌다. Q2. 슬슬 날기 Q3. 맛있는 것을 먹고 똥을 쌌다.
Q4. 알록달록 똥카페

겁보 만보

김유 글
최미란 그림 | 책읽는곰

읽은 날
월 일

재미 별점

책 만나기

어느 부부가 뒤늦게 아들을 얻었어요. 얼마나 귀한지 이름도 '만 가지 보물'이라는 뜻의 만보라고 지었어요. 그러나 한 가지 걱정이 있었으니 만보가 겁쟁이라는 거예요. 겁보 만보인 것이지요. 누가 소리를 내도 겁을 내고, 다른 사람이 공놀이를 하면 맞을까 봐 담장에 딱 붙어요. 선생님이 이름을 부르면 오줌까지 싸는 거 있죠? 만보의 부모님은 걱정이 되어 이런저런 방법을 시도해 보았지만 다 실패하고 말았는데요. 만보의 부모님은 한참 고민한 끝에 만보 혼자 고개 너머의 시장에 보내야겠다는 생각을 했어요. 다른 사람들은 잘 넘어 다니는 고개지만 만보에겐 어려울 수 있으니까요. 그렇게 큰마음을 먹고 홀로 떠난 만보는 어떻게 되었을까요?

이 책은 읽다 보면 구수한 사투리를 읽는 맛도 느껴져요. 우리 전래 동화에 나오는 호랑이, 도깨비 등도 나와서 이야기를 읽는 즐거움도 커요. 만보가 겪는 일들도 모두 재미있고요. 이 책을 읽으며 용기까지 얻게 된 만보가 앞으로 어떻게 살아가게 될지 상상하며 읽으면 즐거움이 더 커질 수 있어요. 보세요. 이야기 마지막에 잠시 등장하는 말숙에게는 어떤 일이 벌어질지도요!

책 속으로

Q1. 만보라는 이름은 어떤 뜻인가요?

Q2. 만보가 가지지 못한 한 가지 보물은 무엇인가요?

Q3. 겁보 딱지를 떼기 위해 말숙이 엄마가 준 약을 먹고 만보는 어떻게 되었나요?

Q4. 고개를 세 개나 넘는 동안 만보가 만난 이들은 누구인가요?

오늘 만날 어휘

1. 마실
   - 뜻: 이웃에 놀러 다니는 일
   - 문장: 우리 할머니는 마실 다니는 것이 취미다.

2. 한시름
   - 뜻: 큰 걱정
   - 문장: 아프던 엄마가 나으셔서 한시름 놓았다.

3. 한달음
   - 뜻: 중간에 쉬지 않고 한번에 달려감
   - 문장: 배고파서 편의점에 한달음에 달려갔다.

그림으로 생각하기

가장 재미있었던 장면을 그려 보세요.

글 쓰며 생각하기

여러분이 살아오면서 용기 내어 했던 일을 떠올려 보세요. 어떤 일이었는지, 왜 용기가 필요했는지, 결과는 어땠는지, 그 일에 대해 주변 사람들은 뭐라고 했는지 떠올려 쓰는 거예요. 그때의 마음이 다시 떠올라 용기가 또 생길 수 있어요!

책 속으로 정답   Q1. 만 가지 보물   Q2. 용기   Q3. 살만 쪘다.(덩치만 커졌다.)   Q4. 할머니, 호랑이, 도깨비

우주 쓰레기

고나영 글
김은경 그림 | 와이즈만북스

읽은 날
월   일

재미 별점
☆☆☆

책 만나기

우리가 사는 지구, 그리고 그 지구가 포함된 우주에는 쓰레기가 많이 있다고 해요. 지구로 신호를 보내기 위해 발사된 인공위성 조각부터 시작해서 여러 파편들이 돌아다니고 있어요. 이것들은 지구에 쓰레기가 있는 것처럼 말 그대로 우주 쓰레기라고 하는데요. 이 우주 쓰레기들은 서로 충돌하기도 하고 심지어 지구에 떨어진 적도 있다고 해요. 가끔 뉴스에 보면 우주 쓰레기가 인공위성과 부딪쳤다는 이야기가 나와요. 어떤 나라에서는 우주 쓰레기 파편이 가정집으로까지 떨어졌다고 하니 정말 심각한 문제가 아닐 수 없어요.

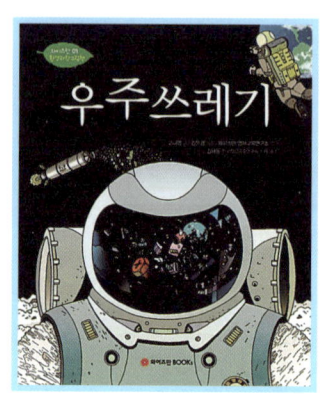

사람들은 예전부터 우주를 개발하기 위해 노력해 왔어요. 우주 쓰레기는 그 노력의 결과이기도 한데요. 지금 우리가 사는 지구도 환경 오염 문제가 심각하죠? 우주도 마찬가지예요. 이는 어느 한 나라의 문제가 아닌 우리 모두의 문제랍니다. 이 책을 읽고 현재 우주에 어떤 쓰레기가 있는지, 그것이 어떤 문제들을 일으키는지, 우리가 해야 할 일은 무엇인지 생각해 보세요.

책 속으로

Q1. 우주에서 인공위성 파편을 치우는 일을 하는 사람은 누구인가요?

Q2. 여러 우주비행사나 연구자가 머물면서 다양한 실험, 관측하며 우주 연구하는 곳은 어디인가요?

Q3. 우주를 떠도는 인공 물체들을 무엇이라고 하나요?

Q4. 우주 쓰레기를 청소하는 장비 중에 우주 쓰레기를 잡아 대기권으로 던져 버리는 것은 무엇인가요?

Q5. 우주 쓰레기가 위험한 이유 중 한 가지는 (   )에 오염되어 있기 때문이에요.

오늘 만날 어휘

1. 파편
뜻 깨어지거나 부서진 조각
문장 유리창이 깨져 파편이 여기저기 있었다.

2. 수명
뜻 생물이 살아있는, 또는 기계를 사용할 수 있는 기간
문장 우리 집 냉장고는 수명이 다 되어 고장 났다.

3. 오염
뜻 더럽게 물드는 것
문장 환경 오염이 점점 심해지고 있다.

그림으로 생각하기

우주 쓰레기를 치울 방법을 생각해 보고 그림으로 그려 보세요. 만약 생각나지 않으면 책을 보고 그려도 돼요.

글 쓰며 생각하기

우주 청소부가 되어 우주에 떠다니는 쓰레기를 치우는 날의 일기를 써 보세요. 어떤 장비를 가지고 어떻게 청소할지 생각해서 쓰면 돼요. 책에 나온 우주 청소 장비들을 보고 상상하면 쉽게 생각할 수 있을 거예요.

책 속으로 정답   Q1. 우주 청소부   Q2. 우주 정거장   Q3. 우주 쓰레기   Q4. 로봇 팔   Q5. 방사능

한밤중 달빛 식당

이분희 글
윤태규 그림 | 비룡소

읽은 날
월   일

재미 별점

📖 책 만나기

한밤중 달빛 식당은 여우 두 마리가 운영하는 식당이에요. 어느 날 연우가 우연히 이 식당을 발견하고 들어가는데요. 신기하게도 이 식당은 나쁜 기억을 음식과 바꾸어 줘요. 연우는 먼저 동호의 돈을 훔친 것을 이야기했어요. 그리고 세상을 떠난 엄마의 이야기도요. 그런가 하면 식당에서 어느 아저씨도 만나요. 아저씨는 아내를 보낸 이후 괴로워하면서 청국장을 달라고 했지요. 그 모습을 보는 연우 마음도 좋지 않아요. 나쁜 기억을 주고 오자 작은 소동이 벌어져요. 연우가 식당에서 음식과 교환했던 기억이 사라져 버린 거예요. 이런 연우를 보고 아빠는 걱정하기 시작해요. 그리고 자신을 돌보기도 힘들어 술을 마셨던 아빠는 연우의 모습을 보고 연우를 돌봐주어야겠다고 생각해요. 아빠도 엄마 없이 사는 것이 두려웠다며 부끄럽다는 고백도 하지요. 그렇게 아빠와 연우는 새로운 발걸음을 시작합니다.

살다 보면 잊고 싶은 기억이 누구에게나 있을 거예요. 그런데 만약 그 기억을 잊는다면 어떻게 될까요? 우리 마음이 행복해질까요? 어려운 점은 없을까요? 기억이 우리를 어떻게 살게 하는지 생각하며 이 책을 읽어 보세요.

책 속으로

Q1. 한밤중 달빛 식당에서는 돈 대신 무엇을 달라고 했나요?

Q2. 연우가 달빛 식당에 낸 첫 번째 나쁜 기억은 무엇인가요?

Q3. 두 번째 나쁜 기억은 무엇인가요?

Q4. 아빠는 왜 그간 연우를 잘 돌보지 못했나요?

Q5. 연우가 기억을 다시 찾은 후 아빠와 무엇부터 하기로 했나요?

오늘 만날 어휘

1. 불현듯
뜻 아무 예고 없이 갑자기
문장 불현듯 좋은 생각이 떠올랐다.

2. 나직하다
뜻 소리 등이 조금 낮다.
문장 할아버지가 나직한 목소리로 나를 부를 때 행복하다.

3. 흘깃
뜻 슬쩍 한 번 흘겨보는 모양
문장 친구가 내 그림을 흘깃 봤다.

그림으로 생각하기

마음에 가장 많이 남은 장면을 그려 보세요.

글 쓰며 생각하기

여러분의 나쁜 기억을 이야기해 주세요. 그리고 그 기억을 없앨 수 있다면 어떻게 할지 이유도 함께 써 보세요.

책 속으로 정답 Q1. 나쁜 기억   Q2. 동호의 돈을 훔친 것   Q3. 엄마가 돌아가신 것   Q4. 자신도 두렵고 슬퍼서   Q5. 동호에게 돈을 돌려준다.

MEMO